My Mandala
This book belong to

_____

Color Test Page

Adult Coloring Book

Copyright @ 2020 By Jason Young Publishing LLC. All Rights Reserved.

No Part of this book may be reproduced or transmitted in any form or by any means, electronic or mechanical, including photocopying, recording or by any information storage and retrieval system, without written permission from the publisher.

Jason Young

Jason Young

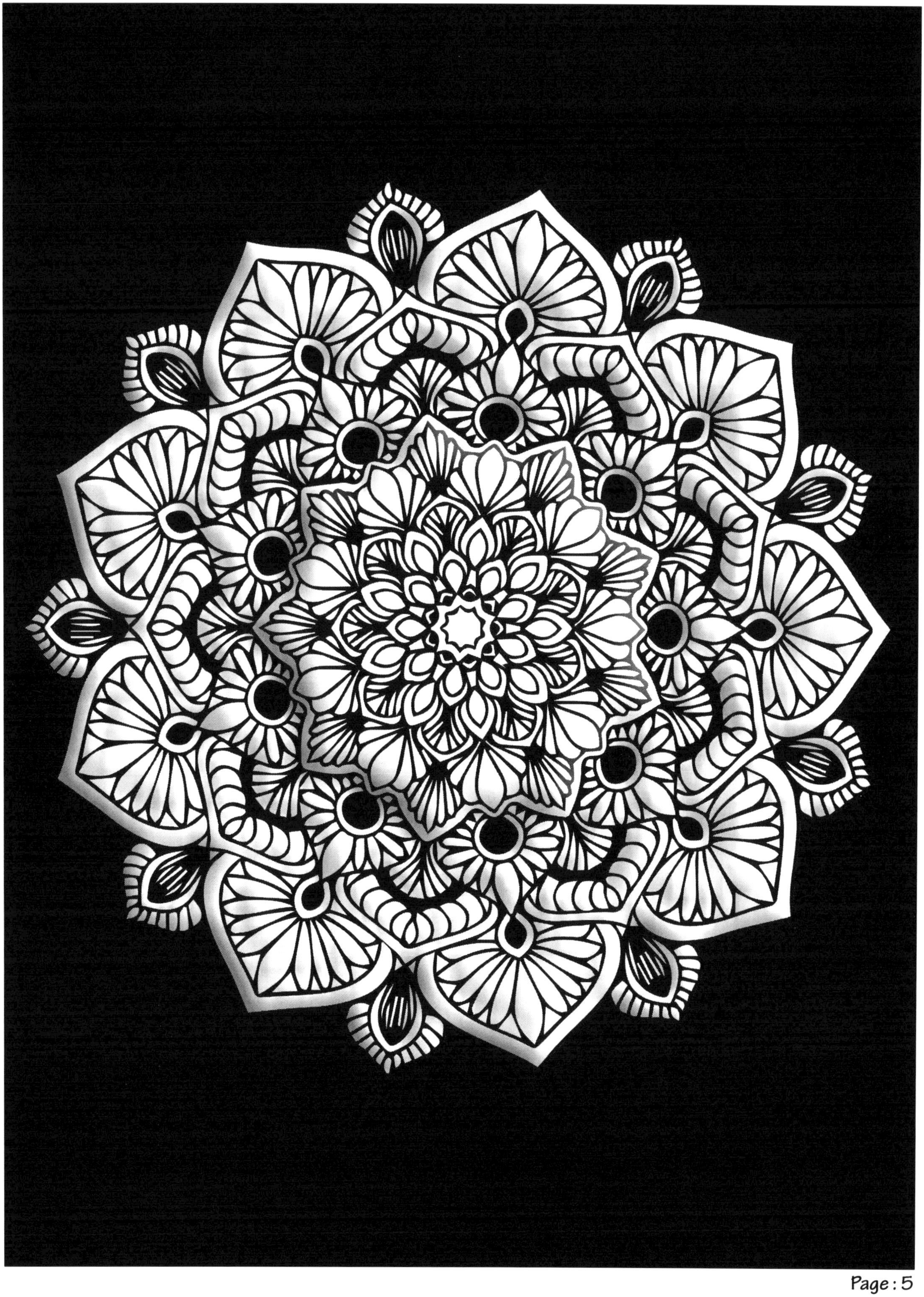

Jason Young

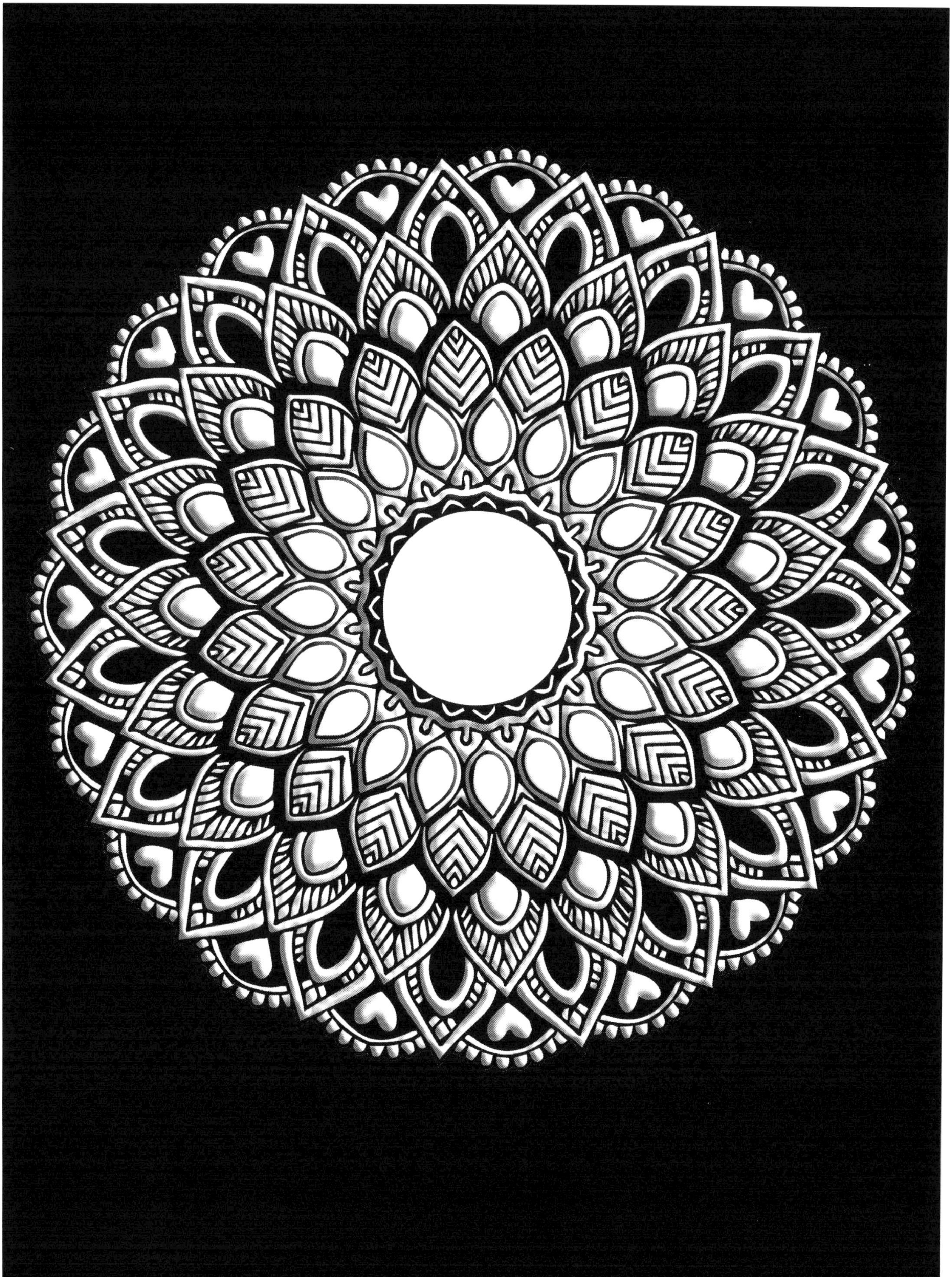

Jason Young

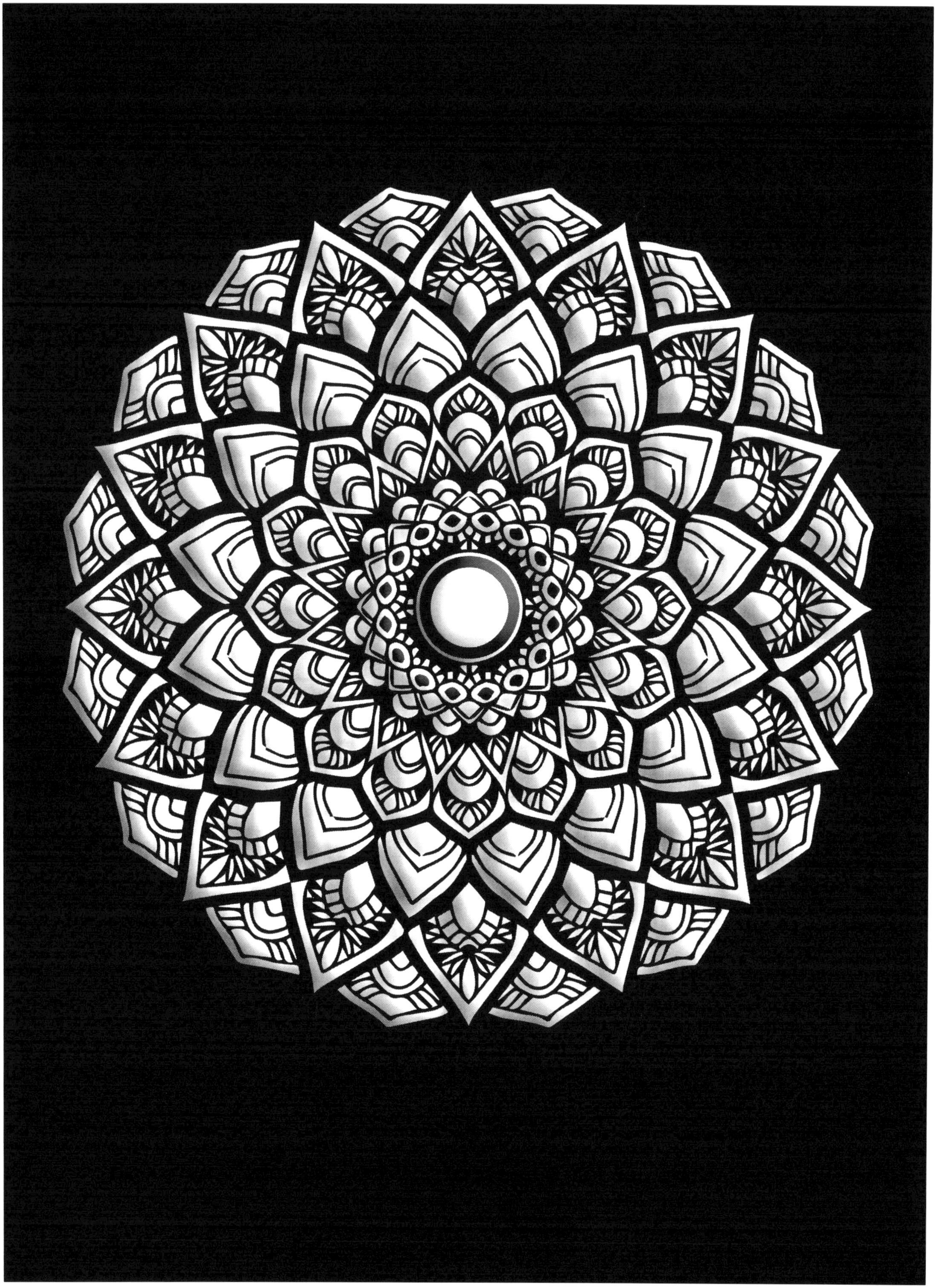

Jason Young

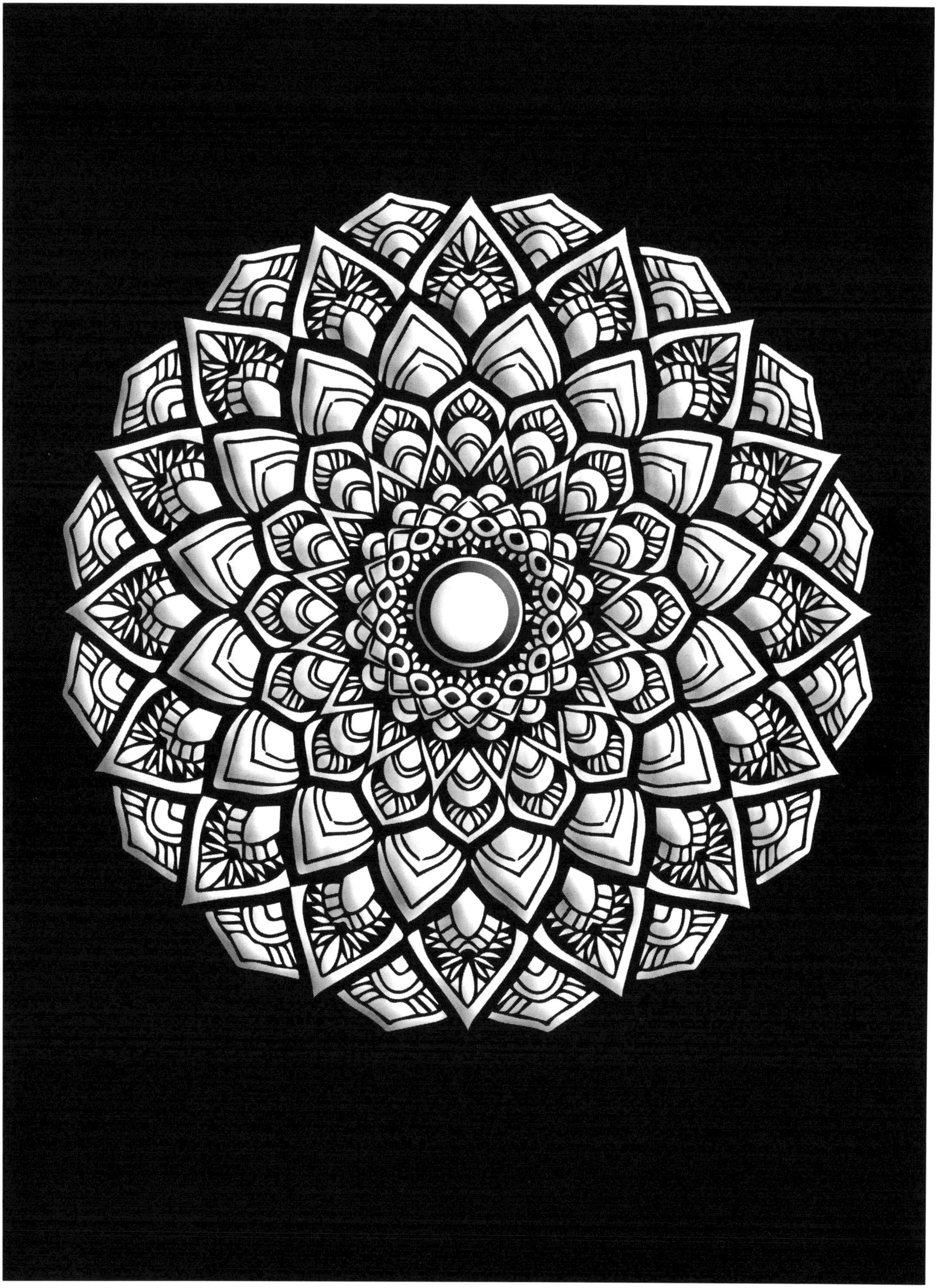

Jason Young

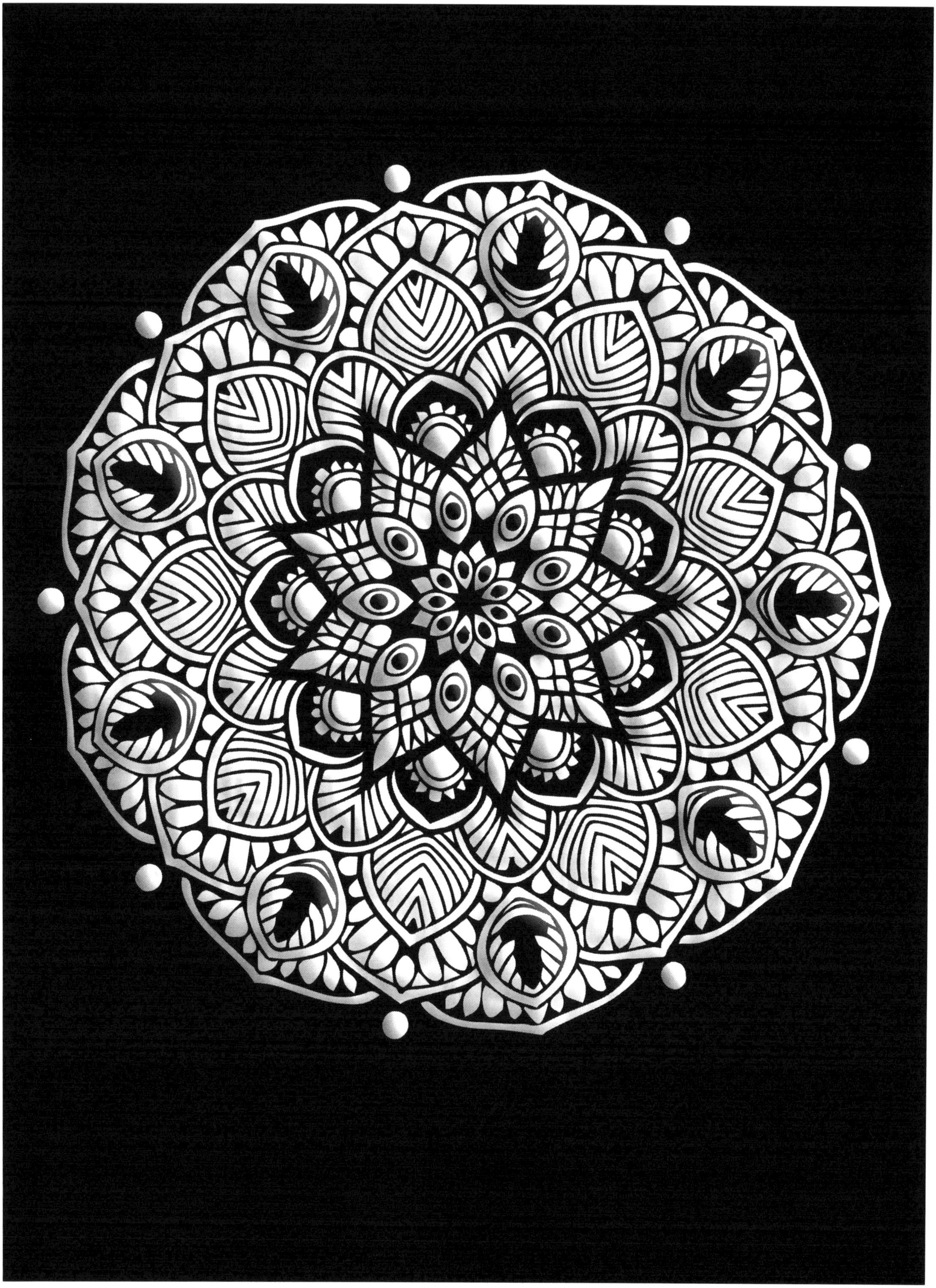

Jason Young

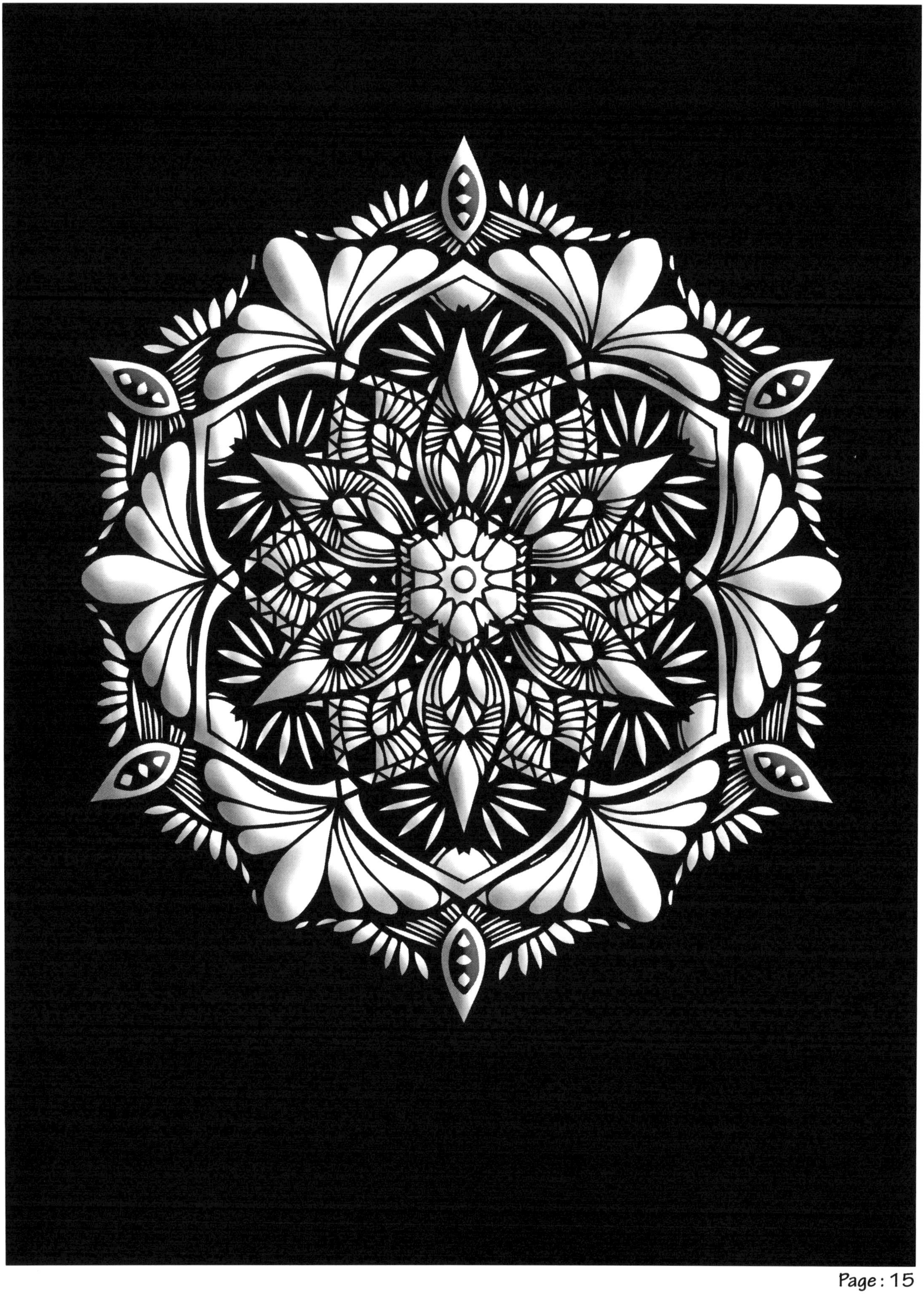

Jason Young

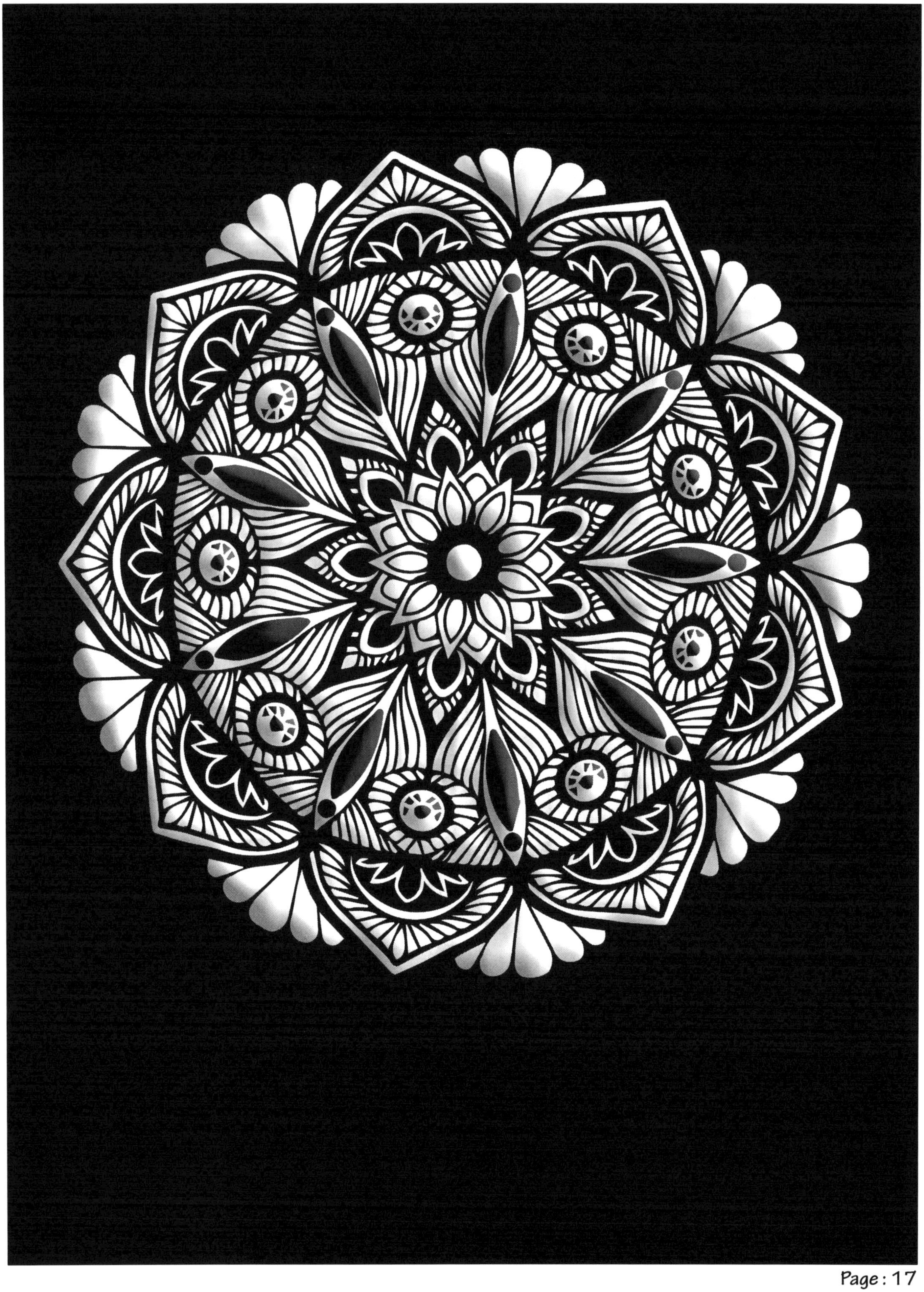

Jason Young

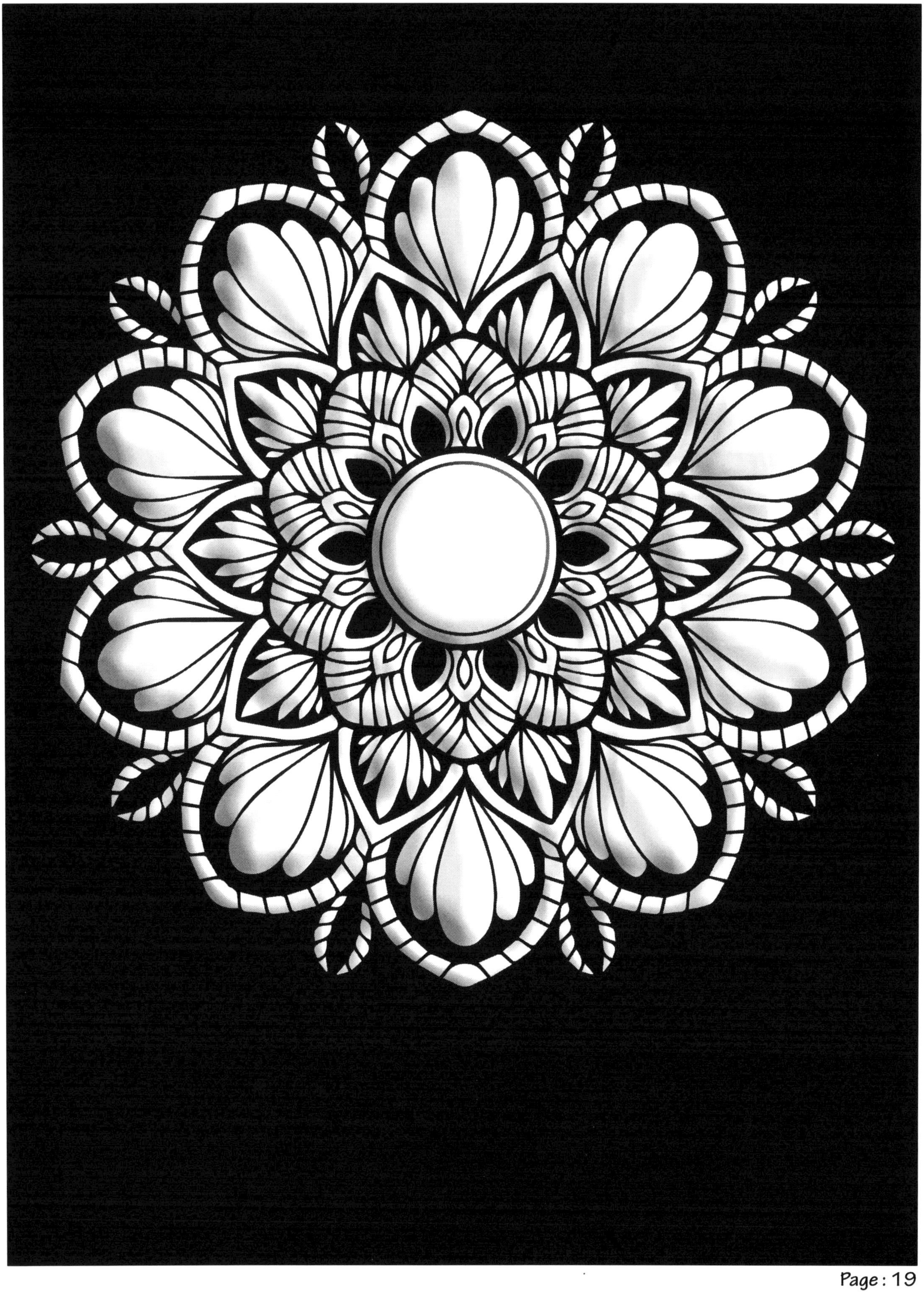

Jason Young

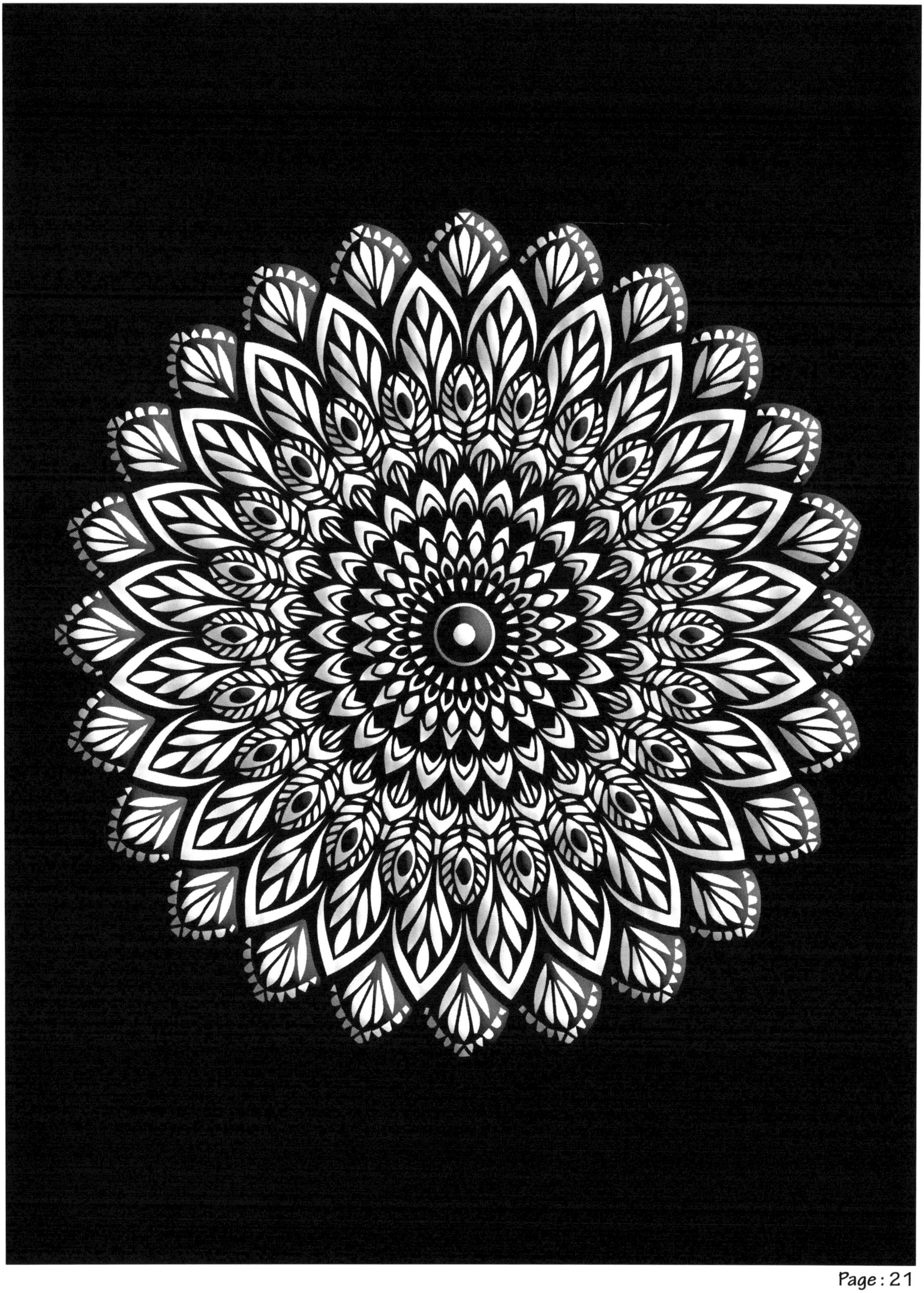

Jason Young

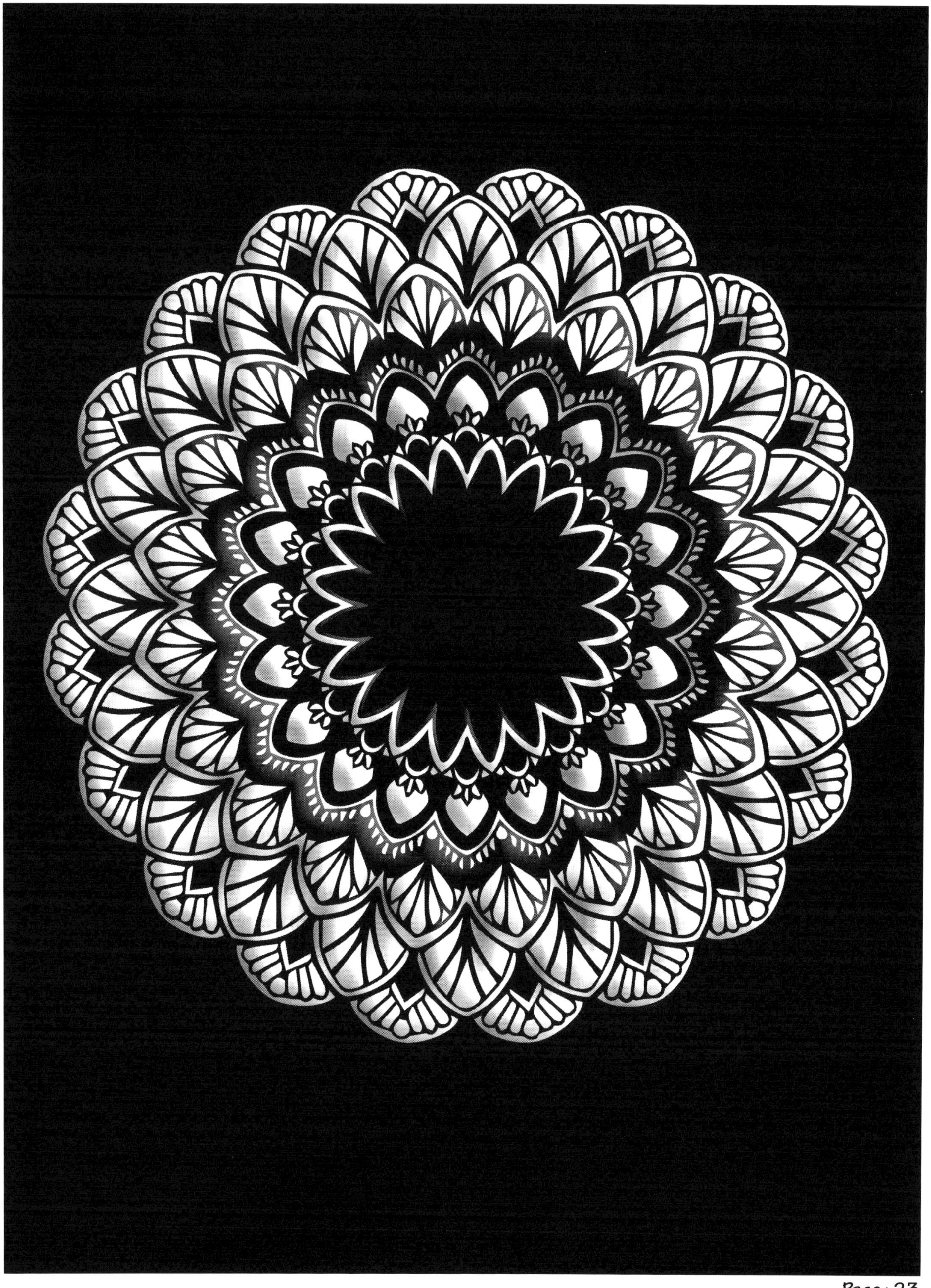

Jason Young

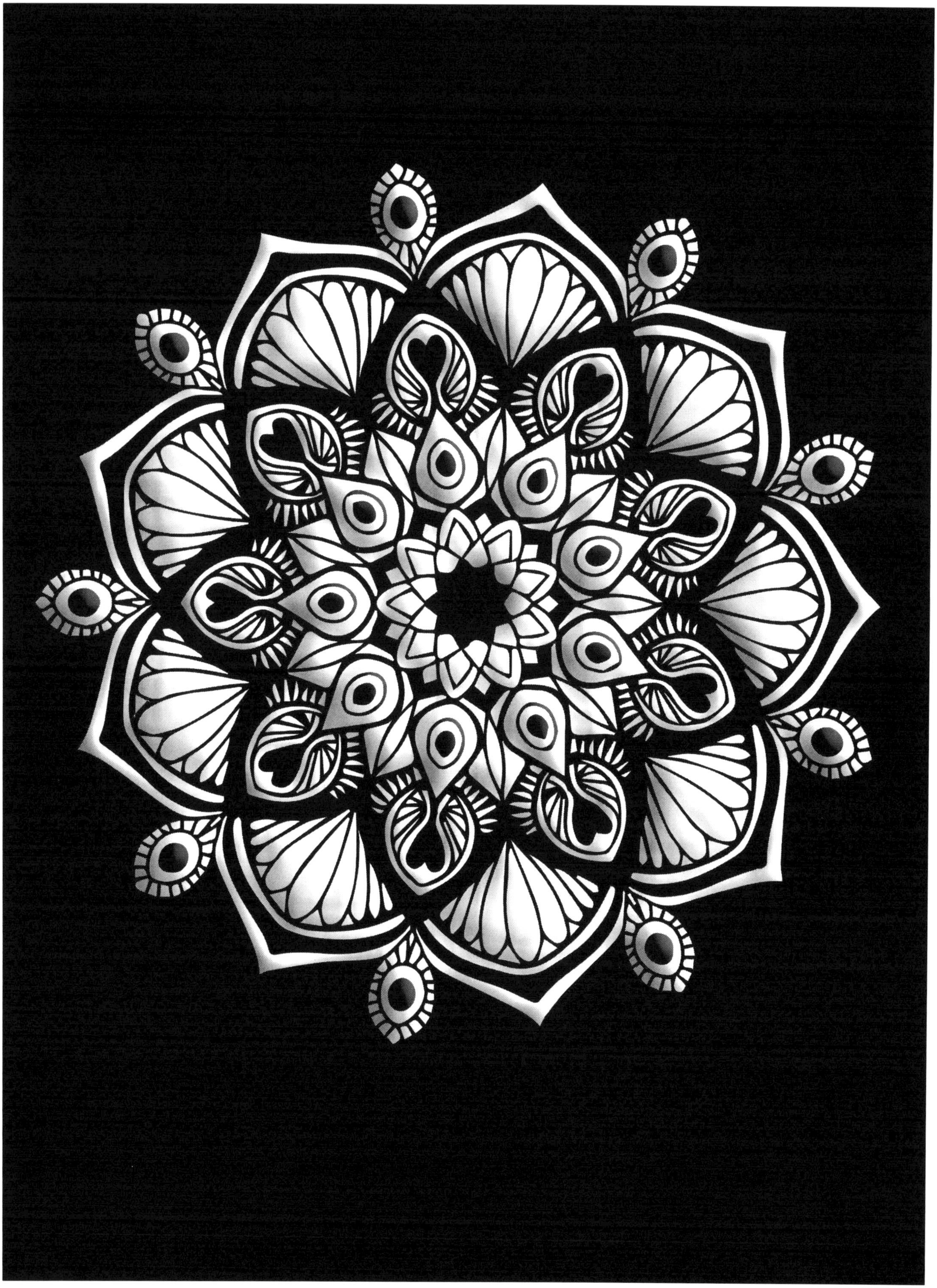

Jason Young

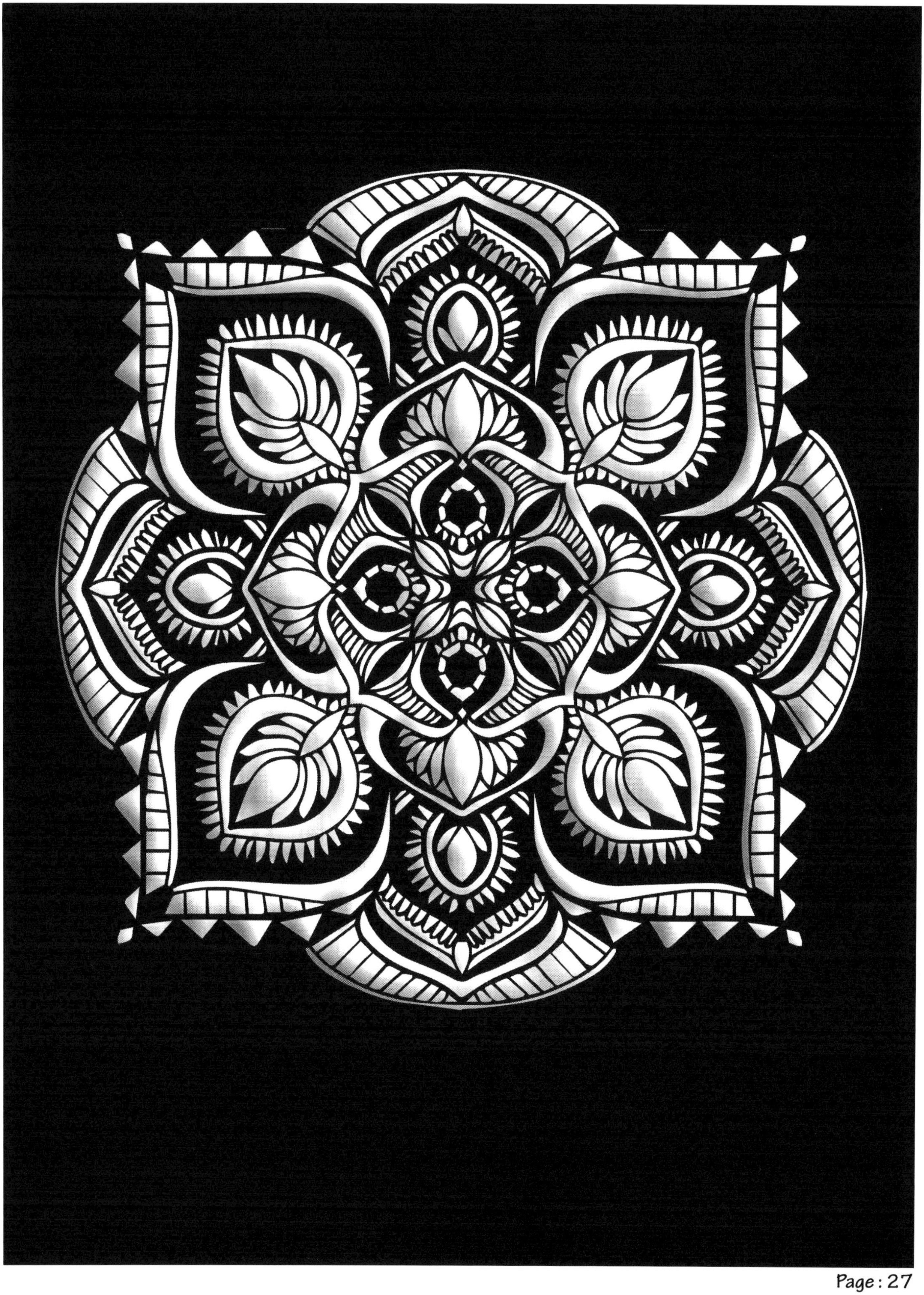

Jason Young

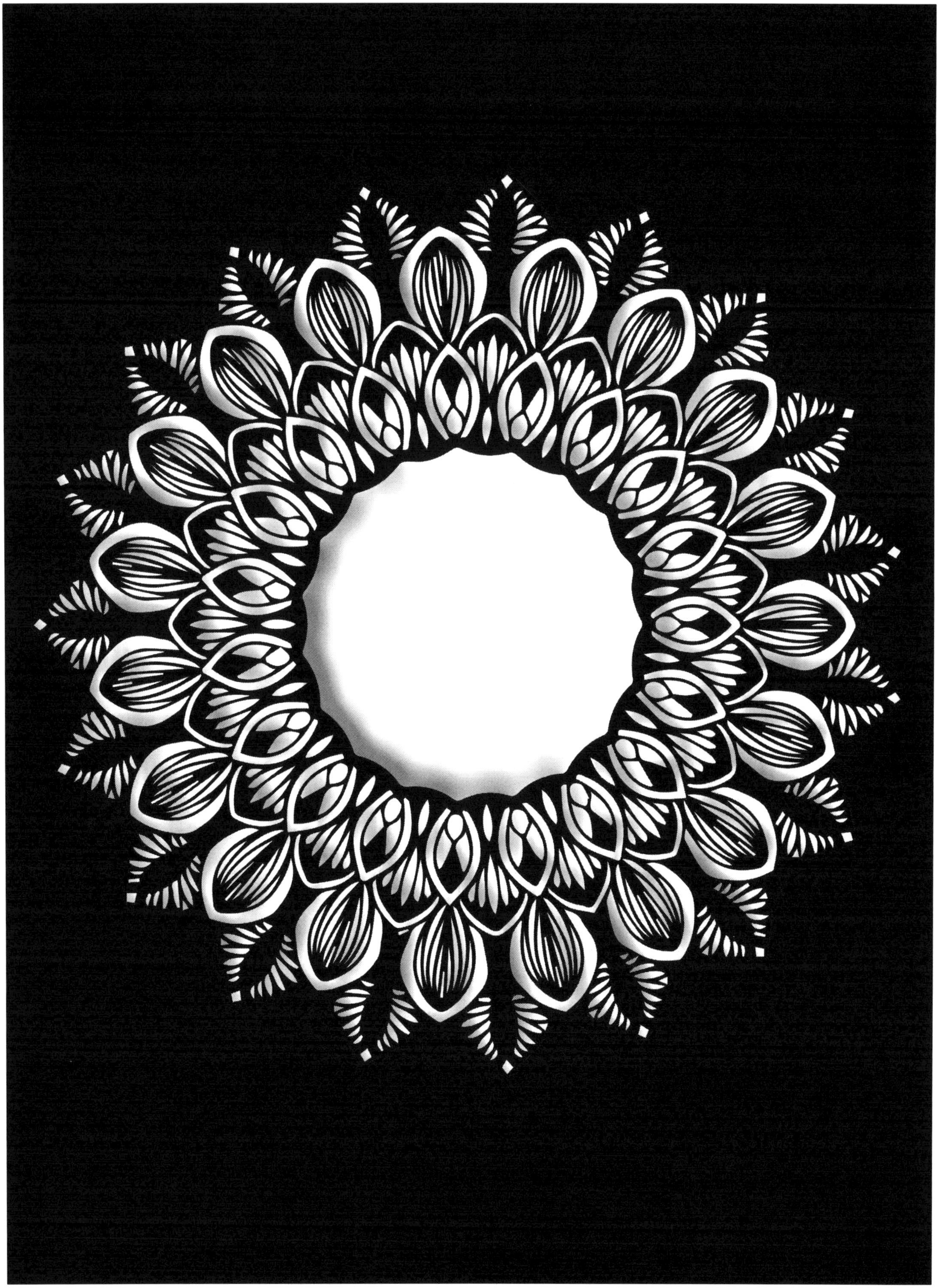

Jason Young

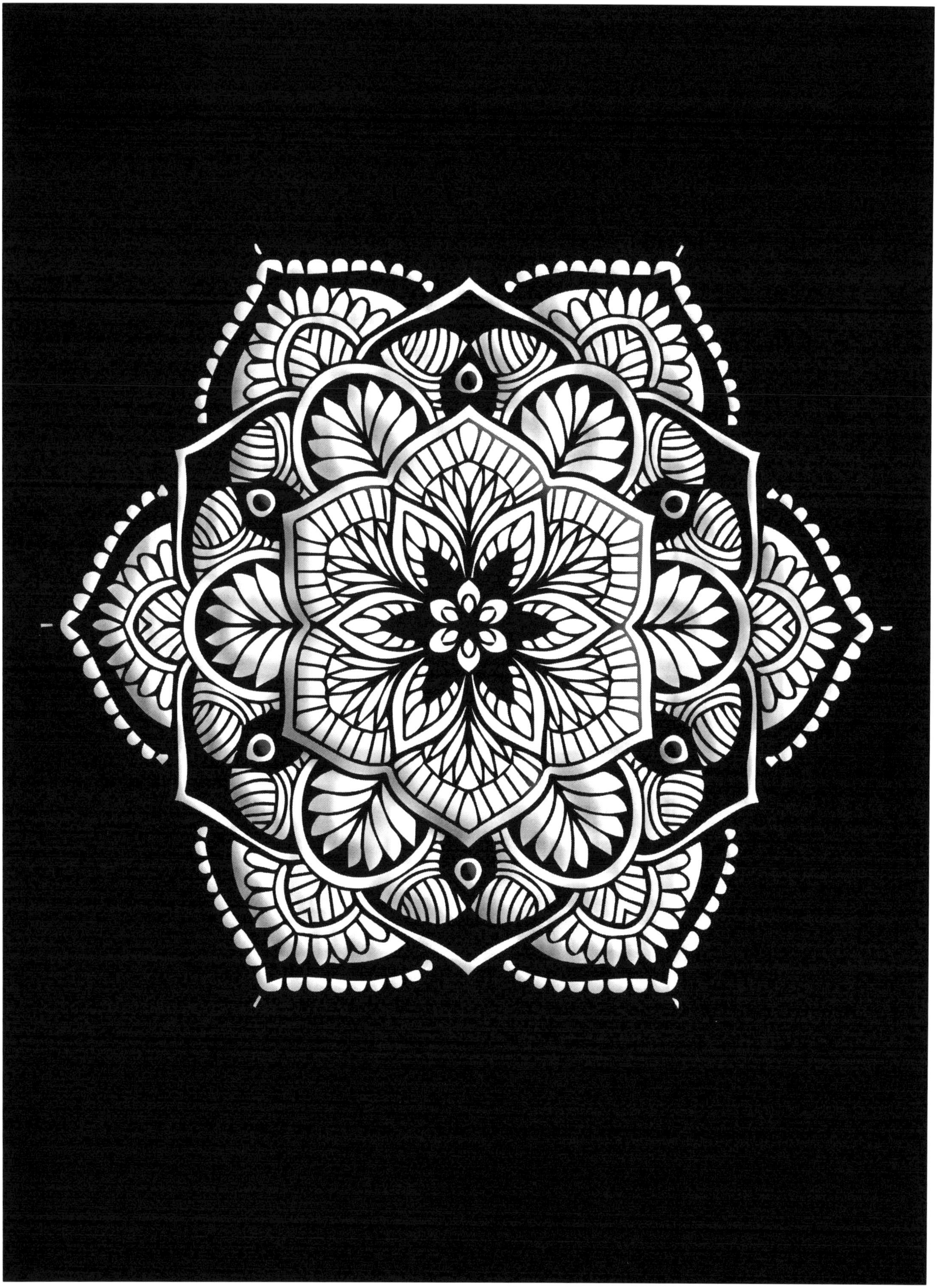

Jason Young

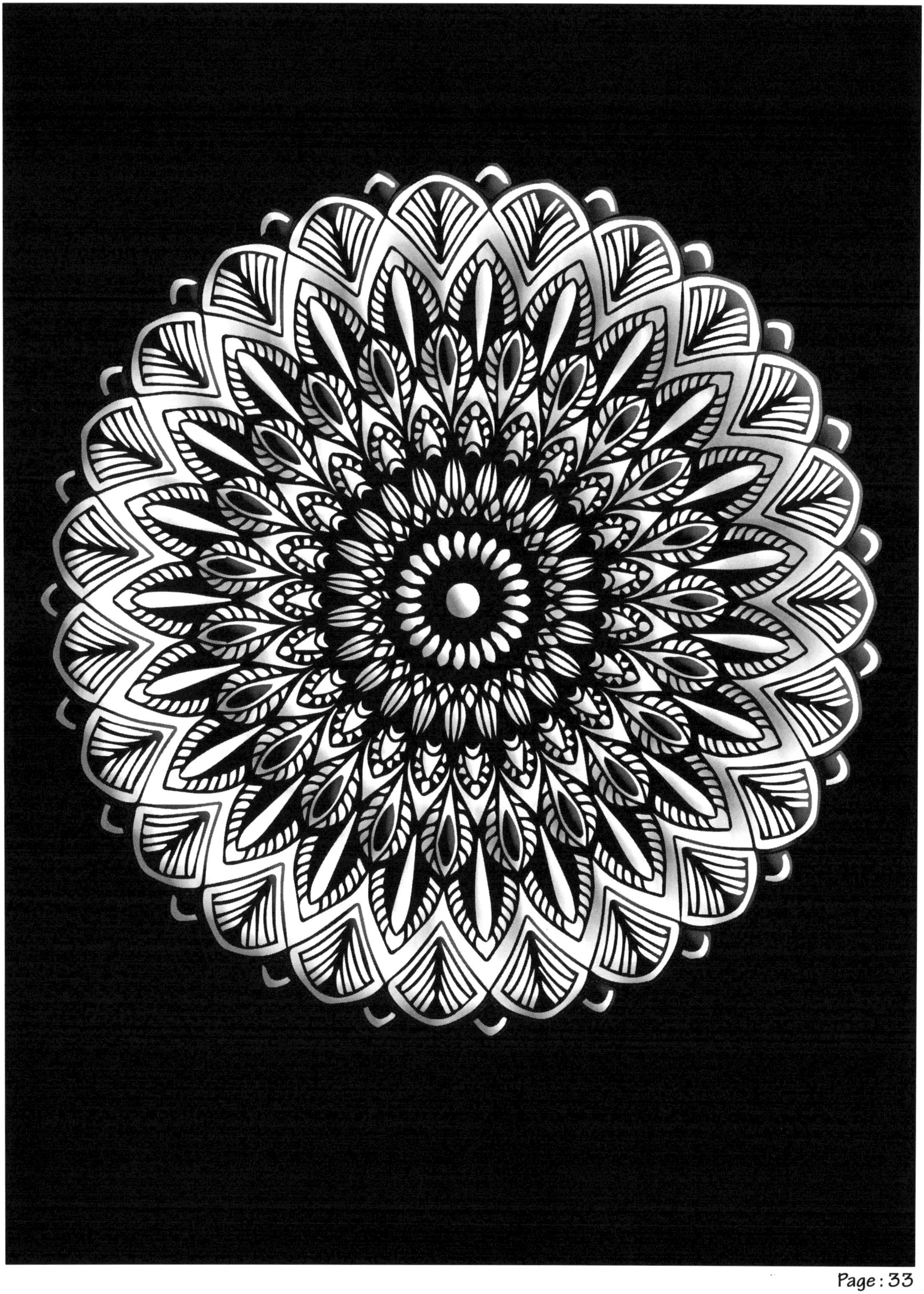

Jason Young

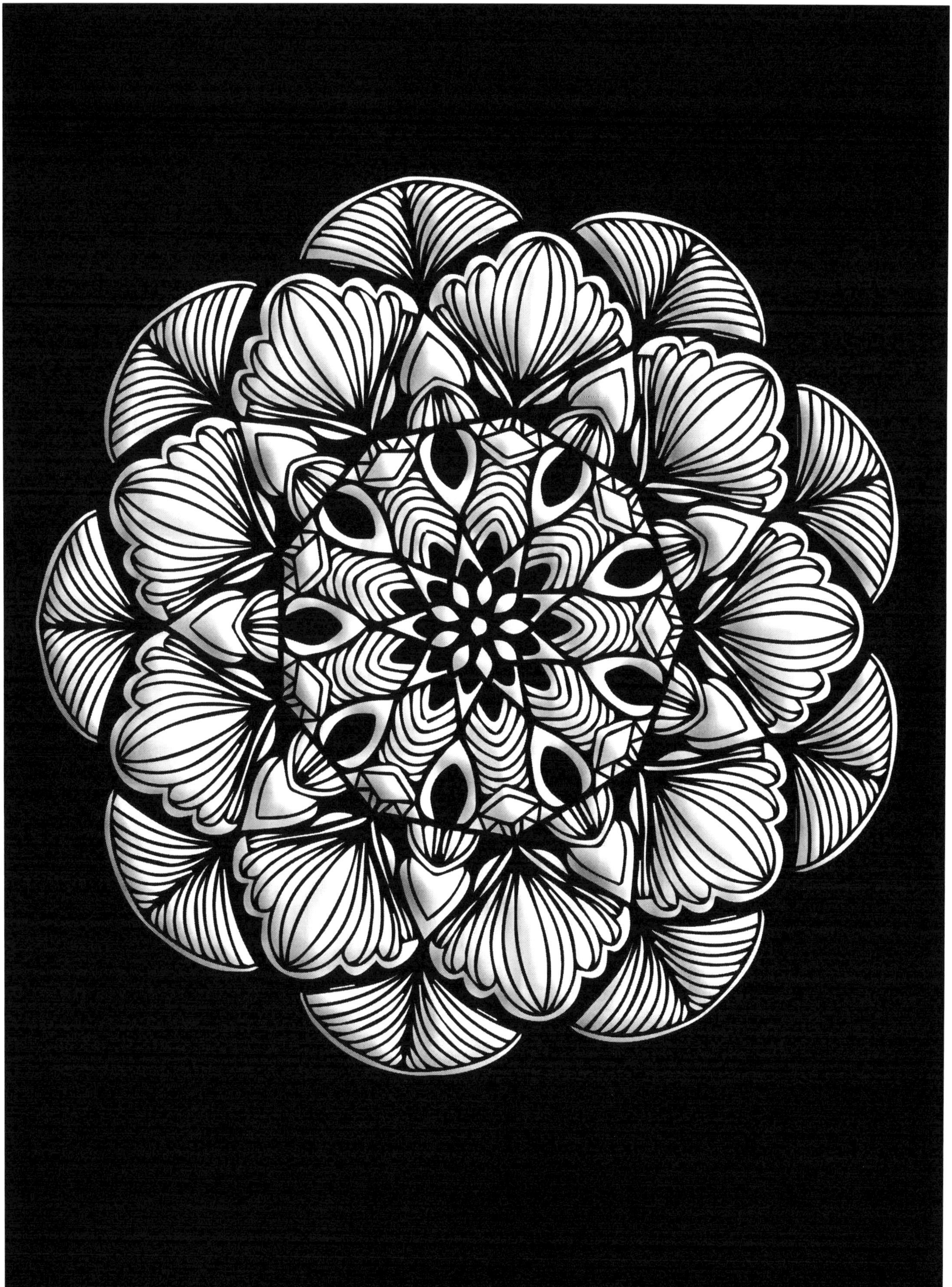

Jason Young

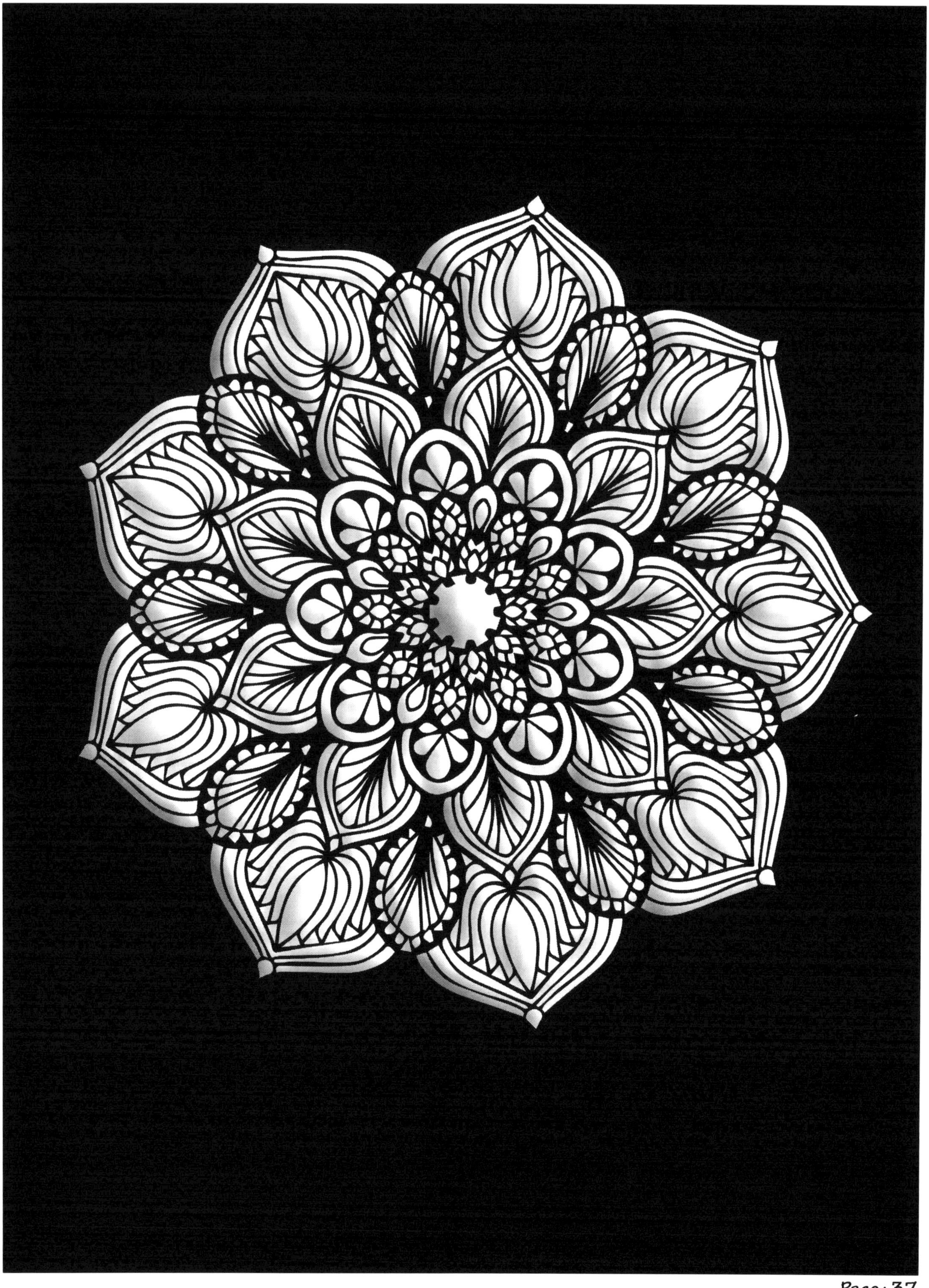

Jason Young

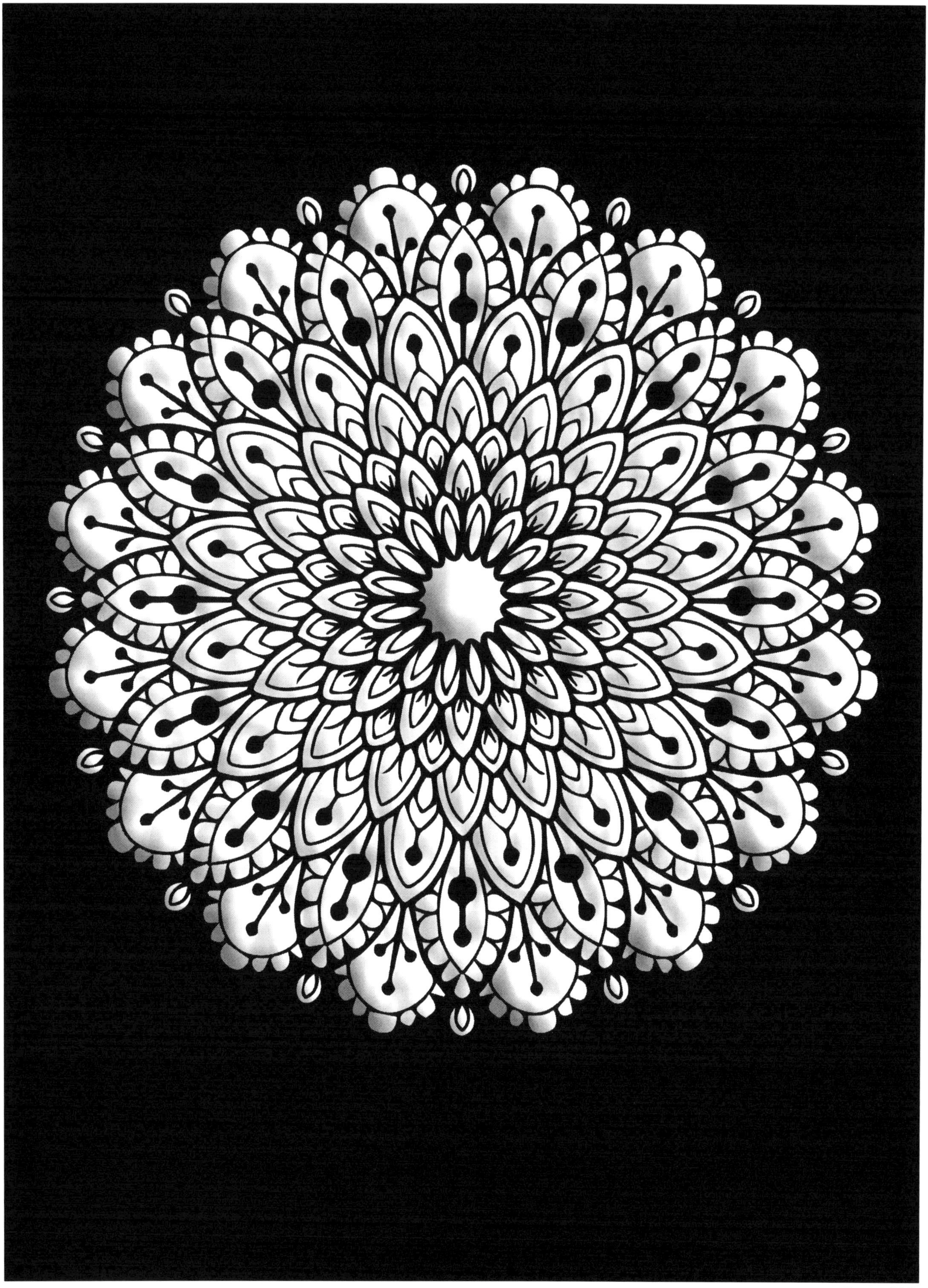

Jason Young

Jason Young

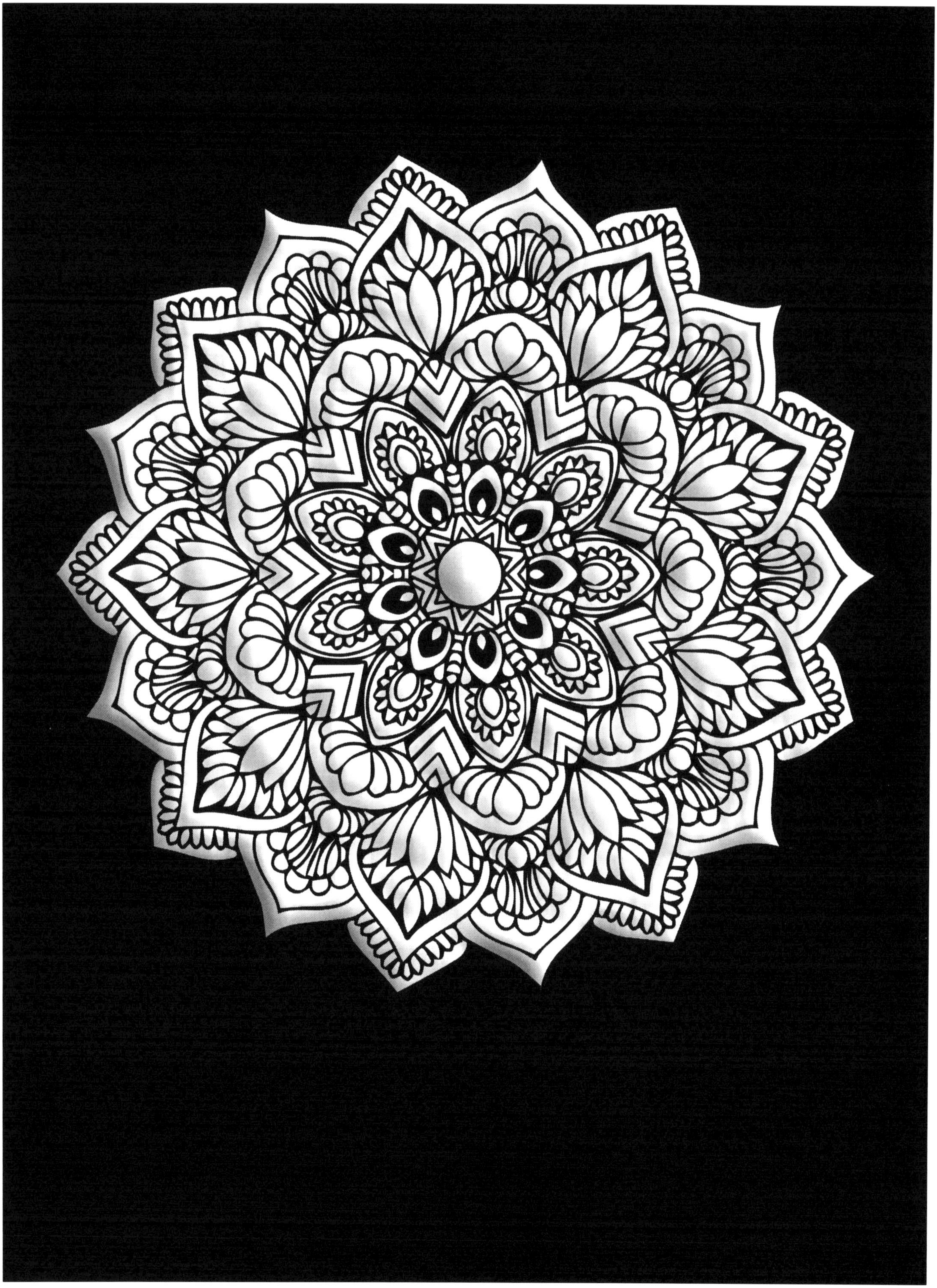

Jason Young

Page : 45

Jason Young

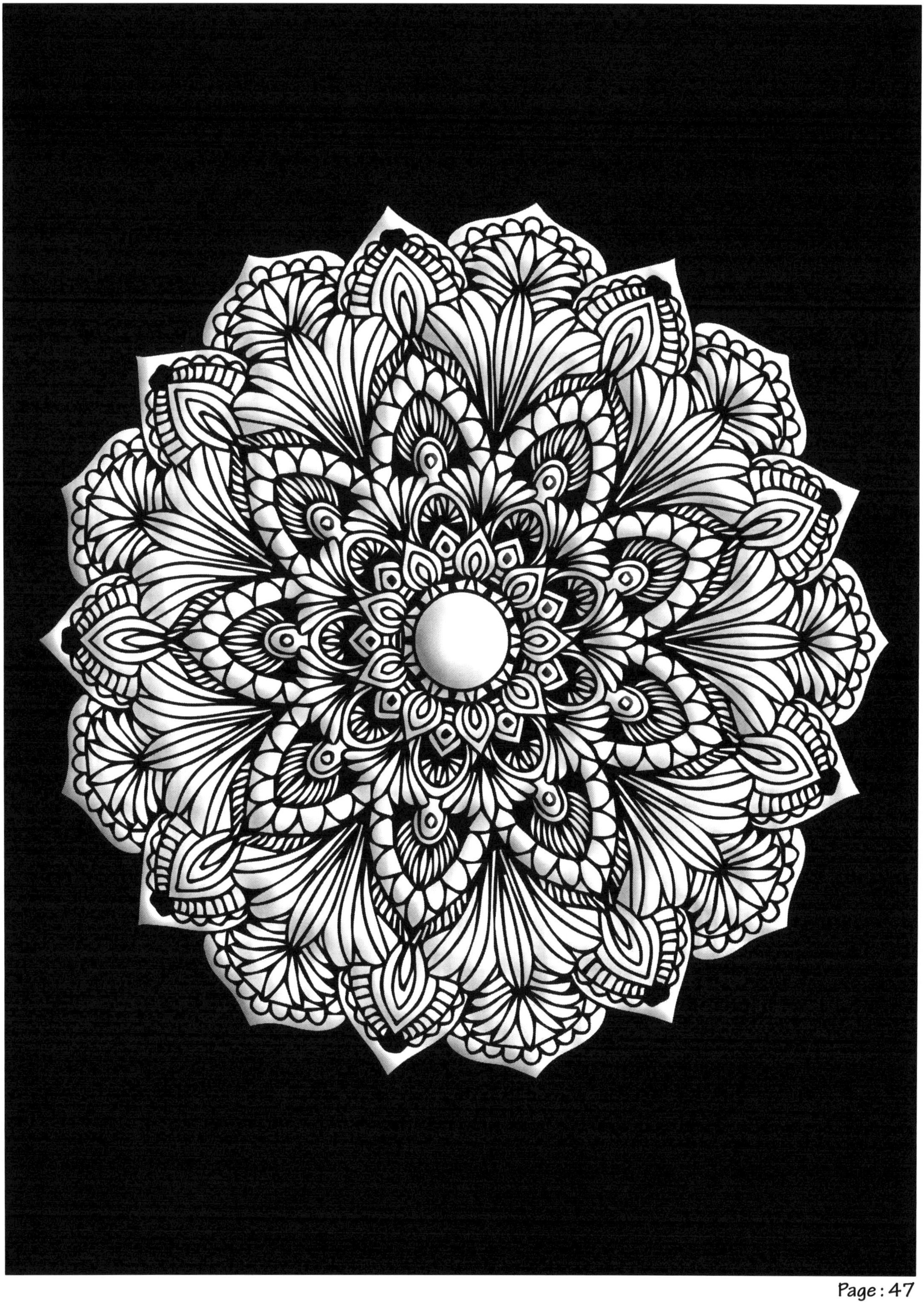

Jason Young

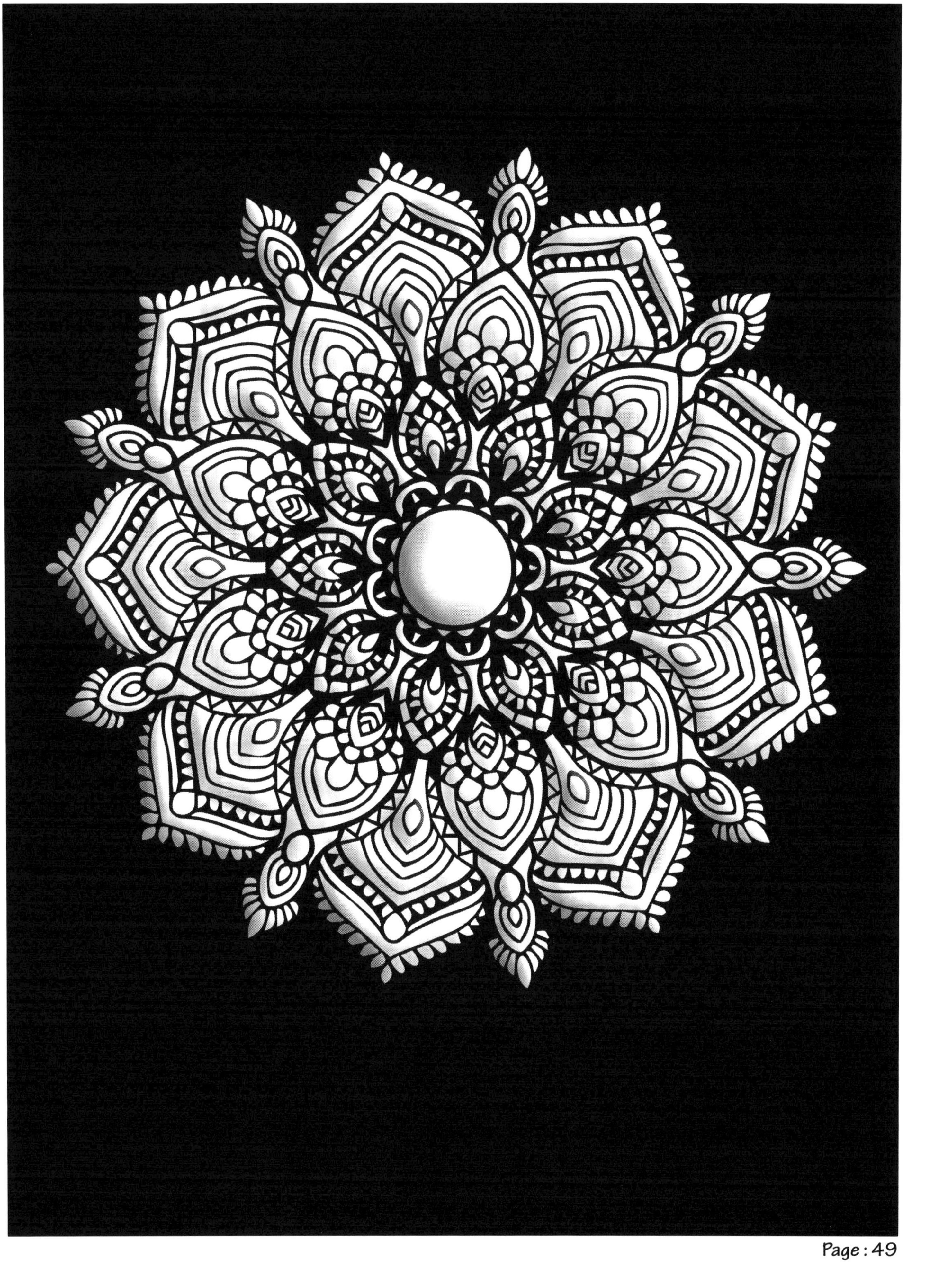

Jason Young

Page : 51

Jason Young

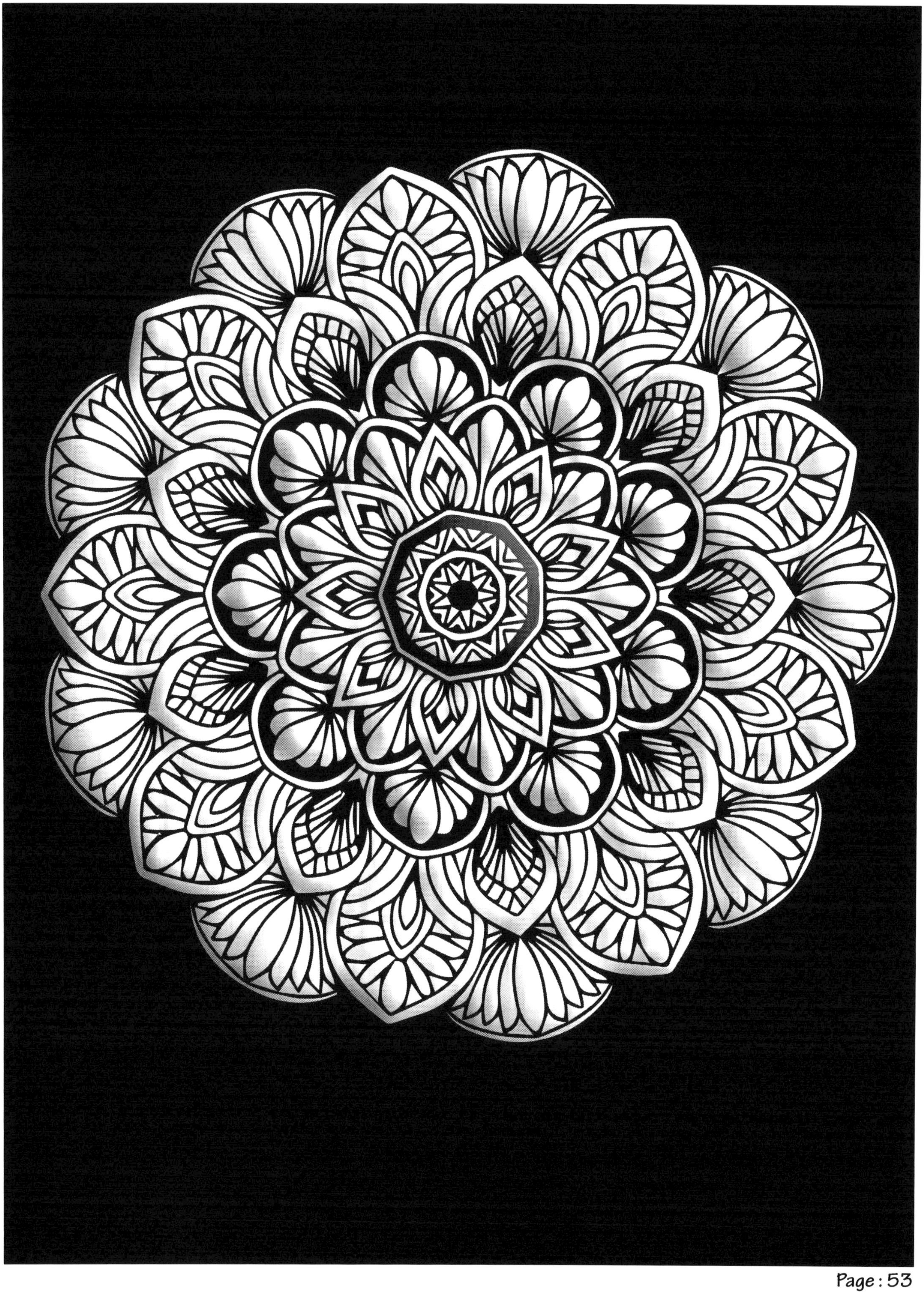

Jason Young

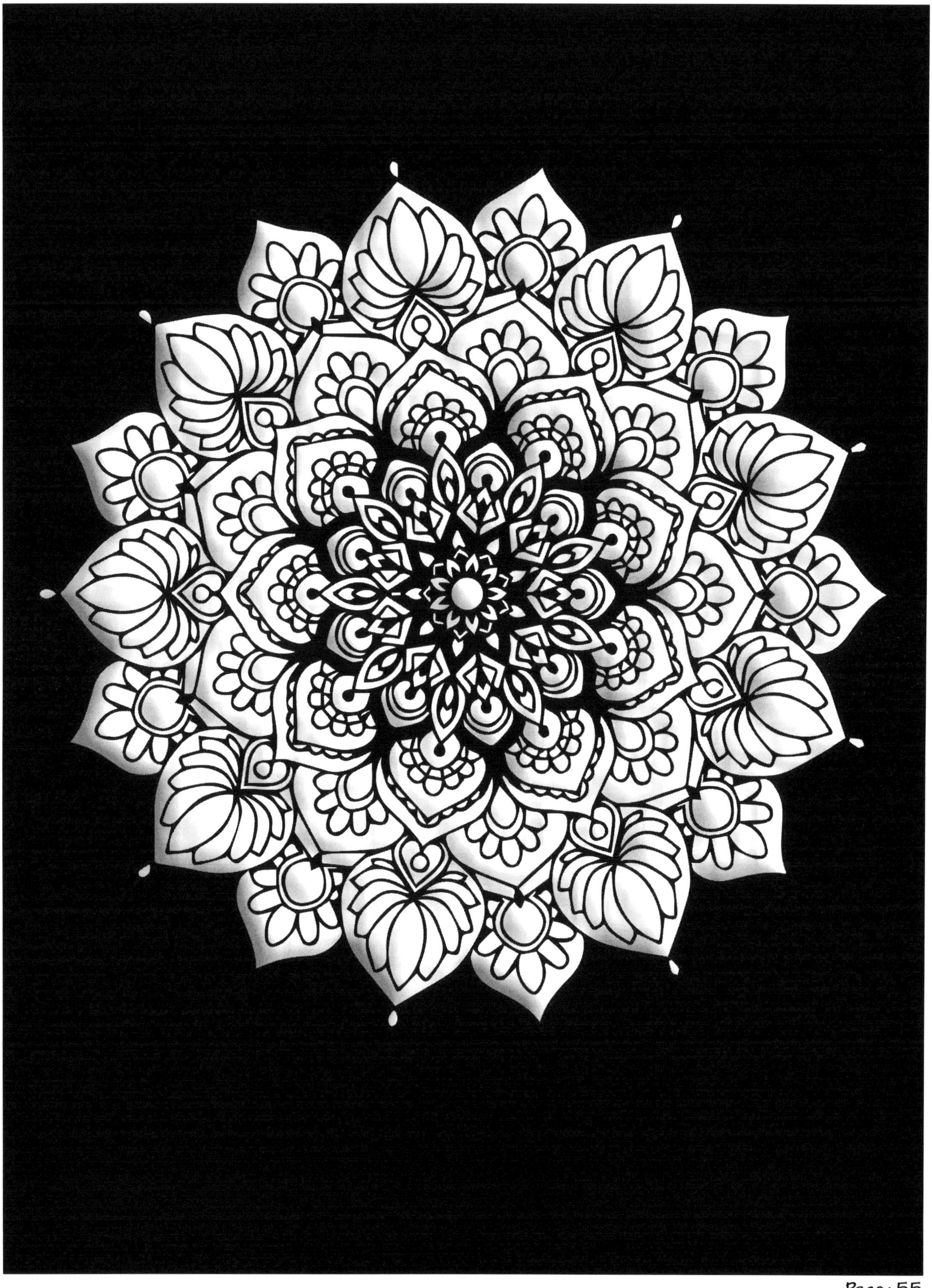

Jason Young

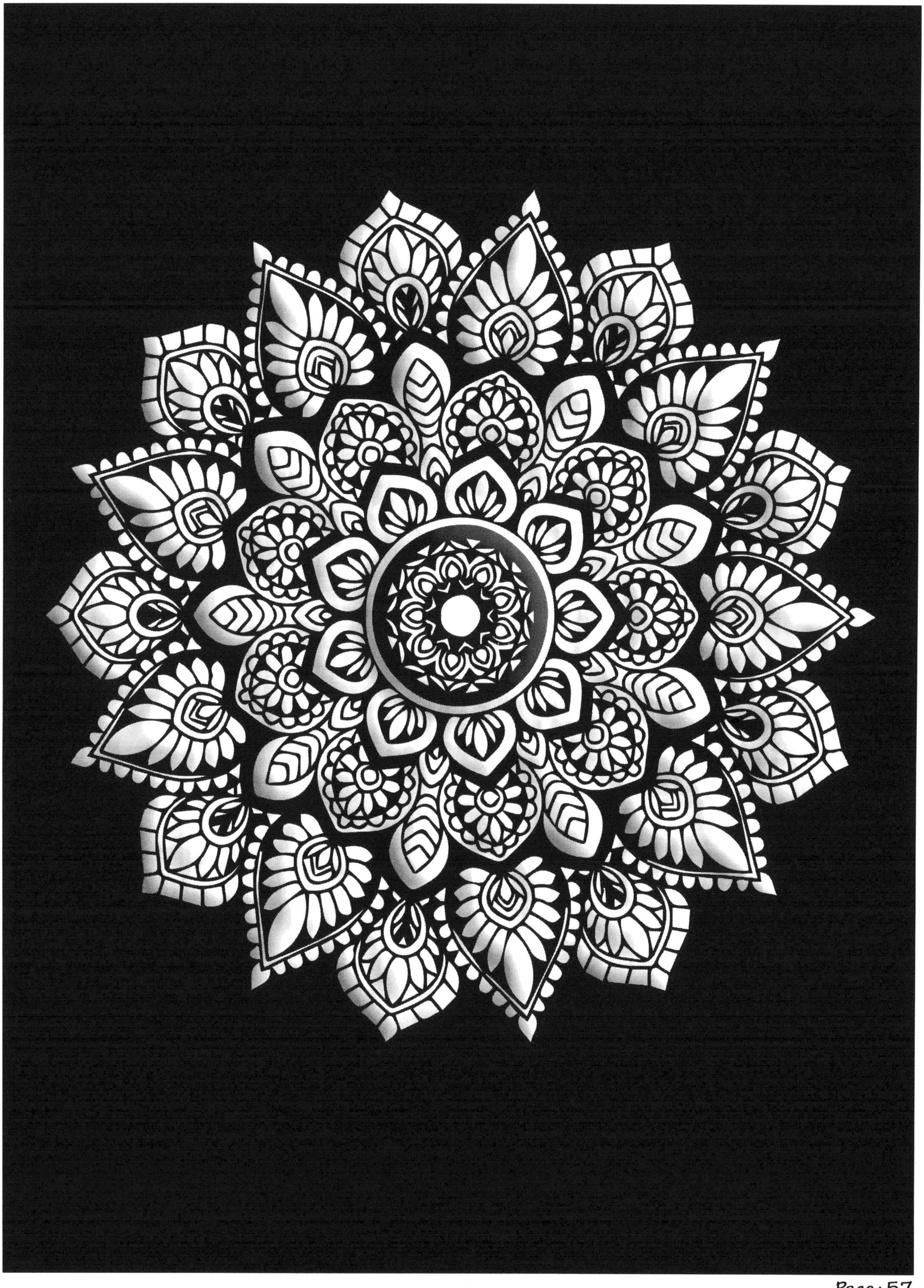

Jason Young

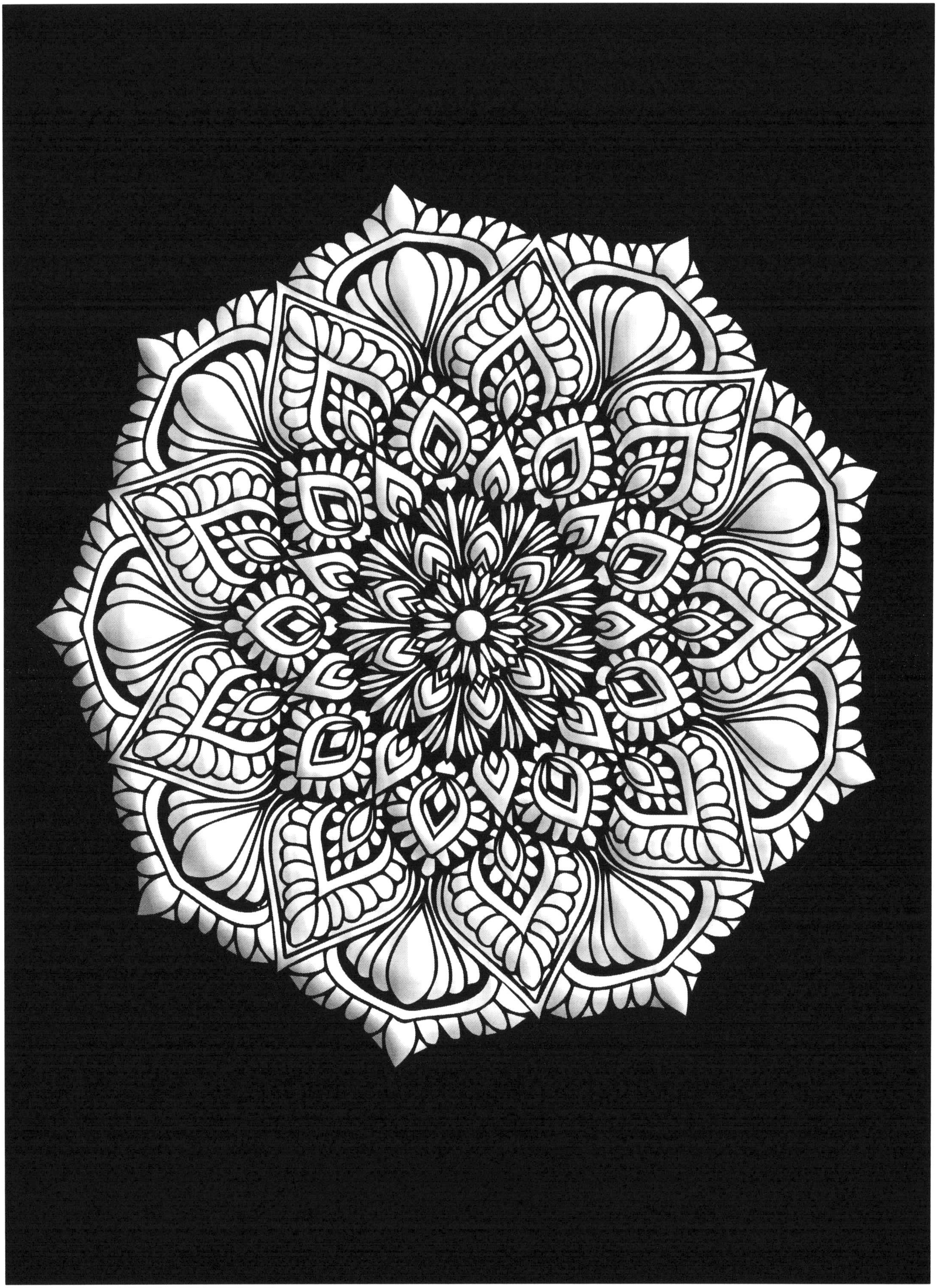

Jason Young

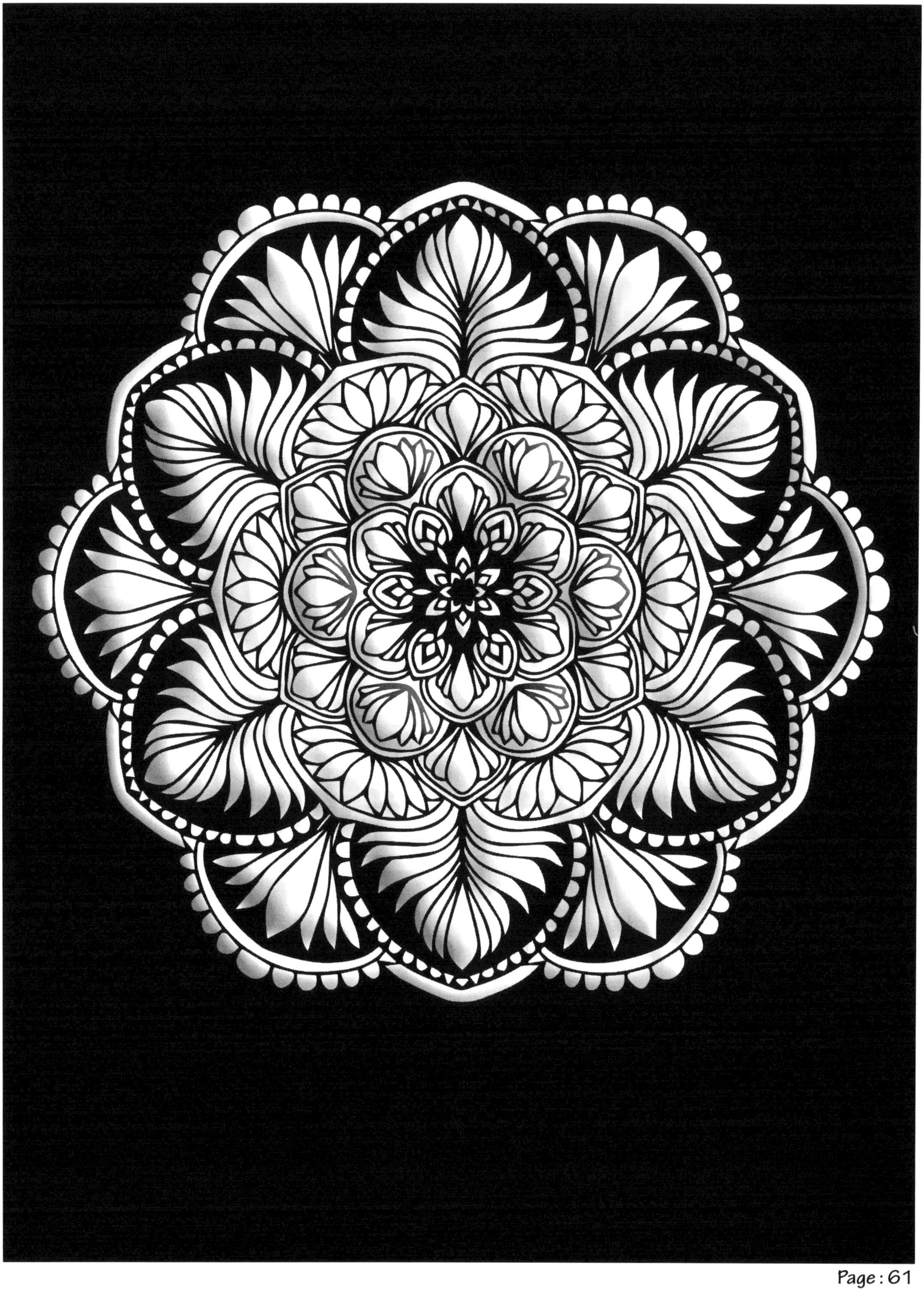

Jason Young

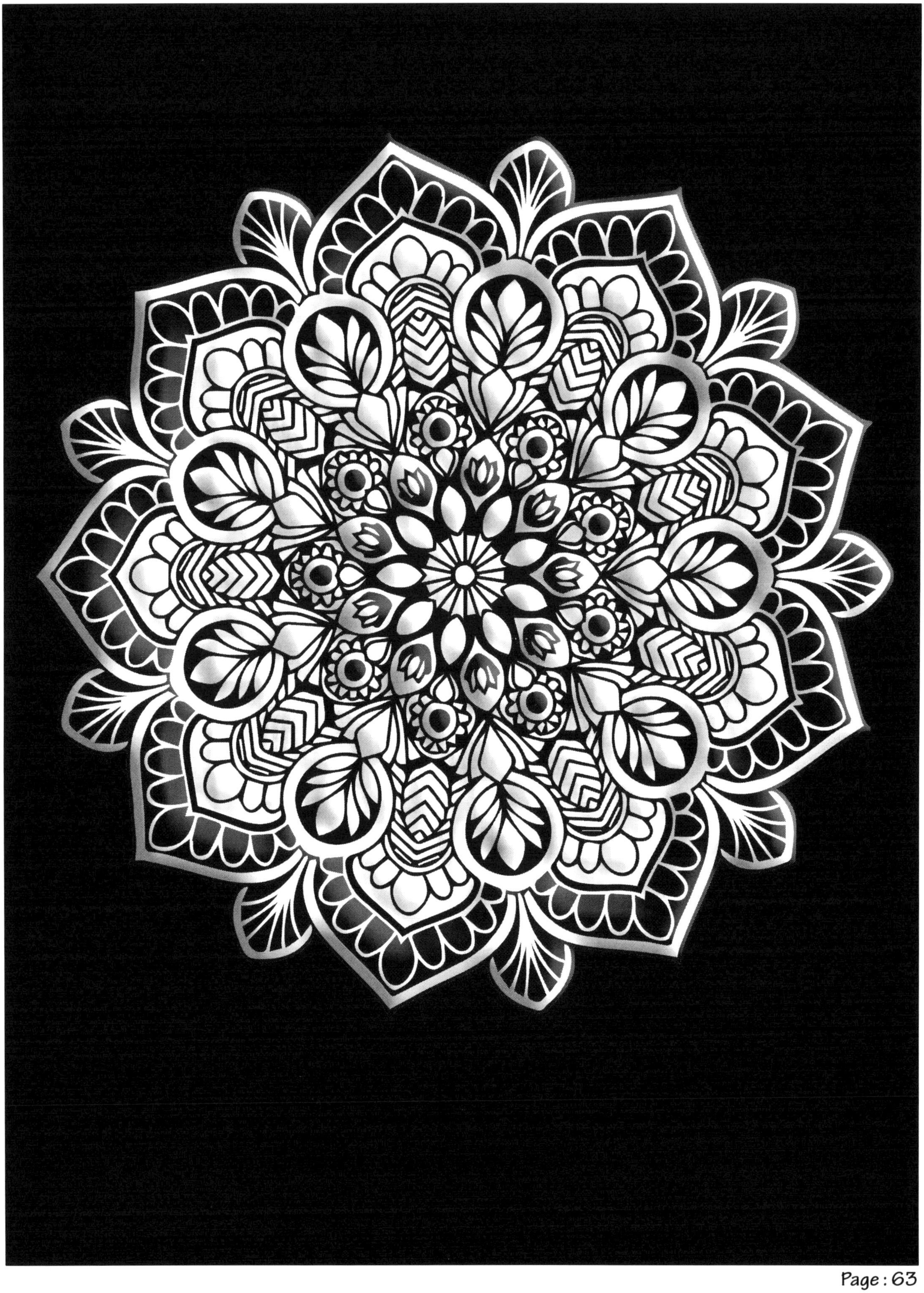

Jason Young

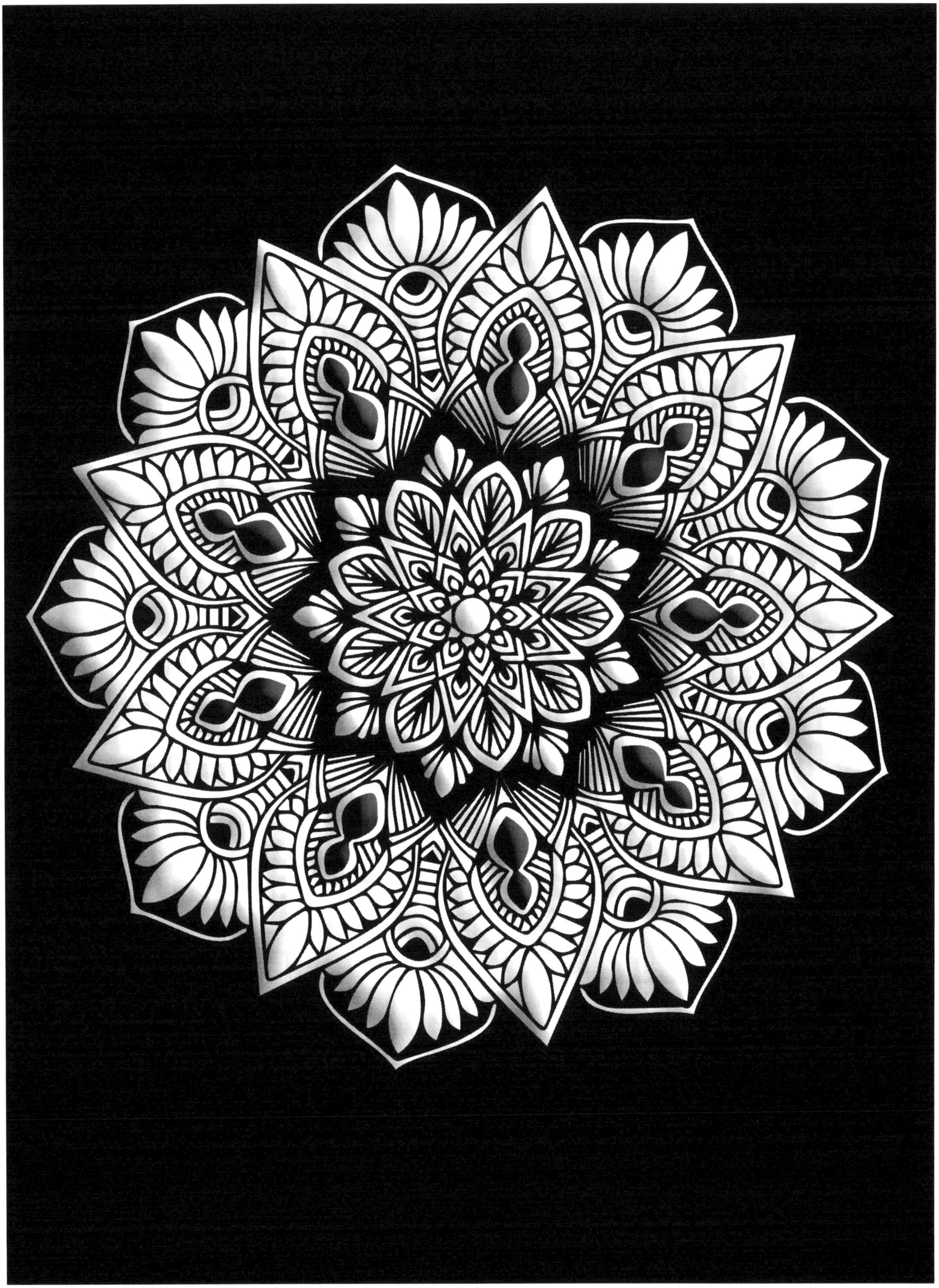

Jason Young

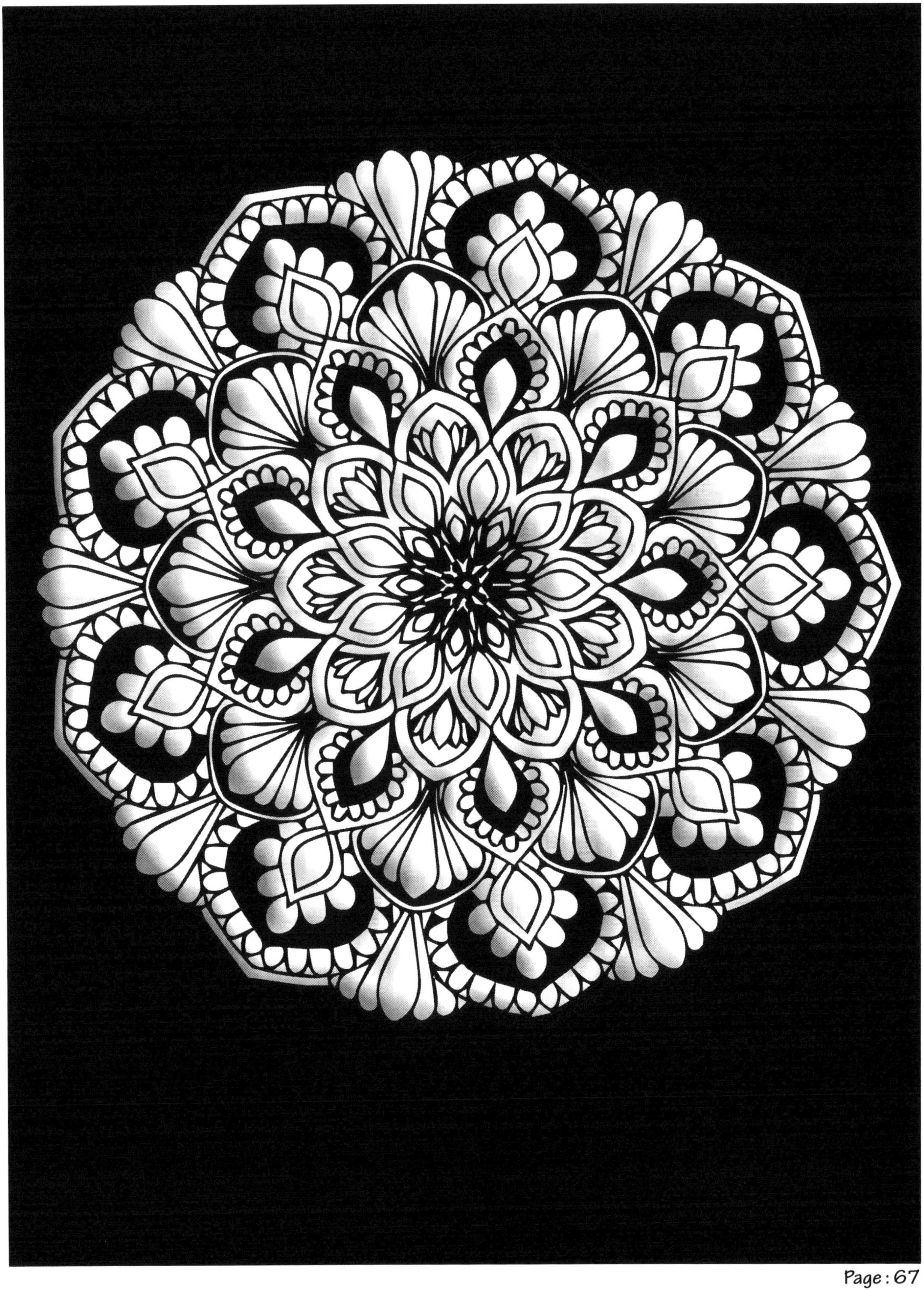

Jason Young

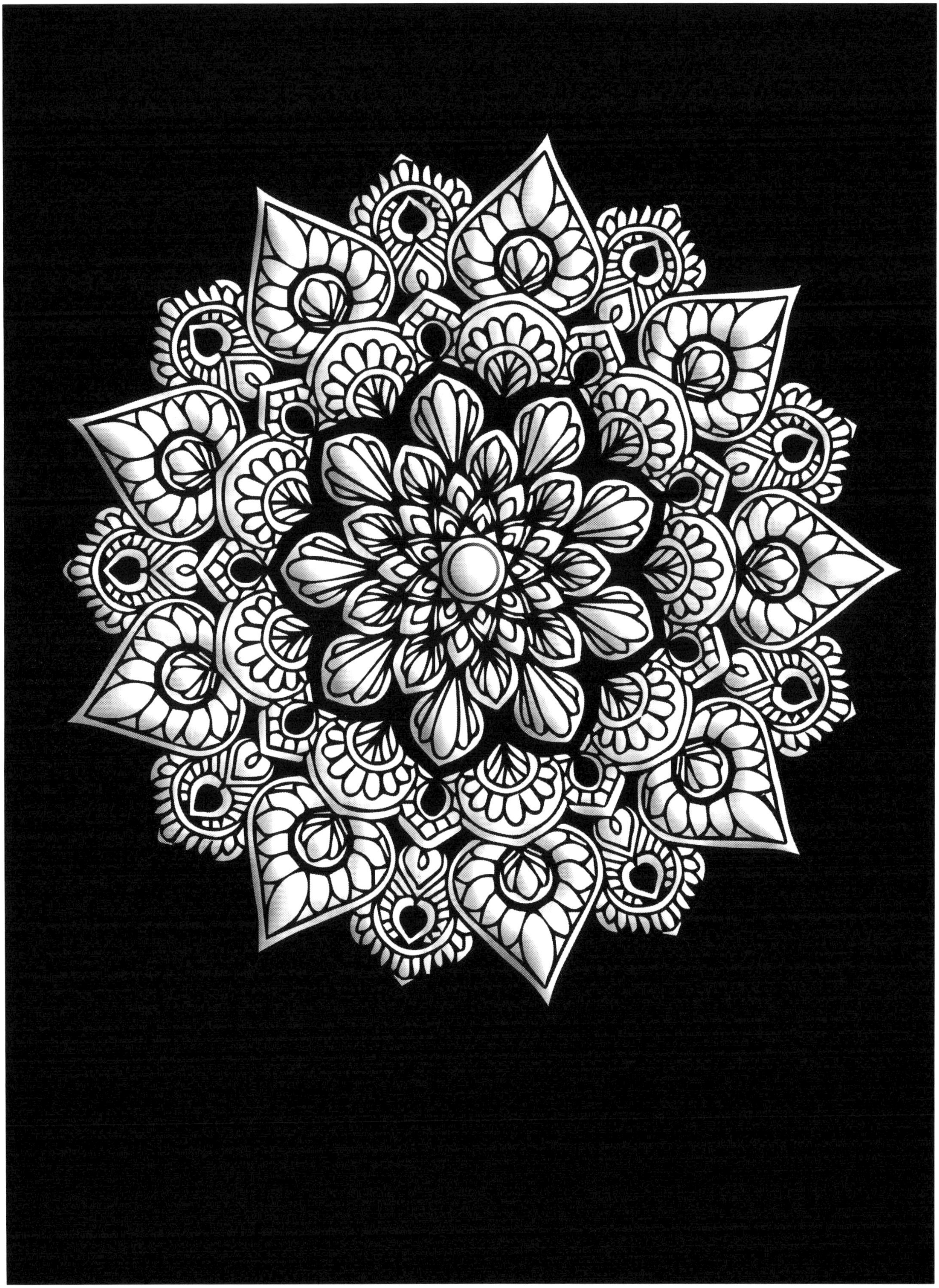

Jason Young

Page : 71

Jason Young

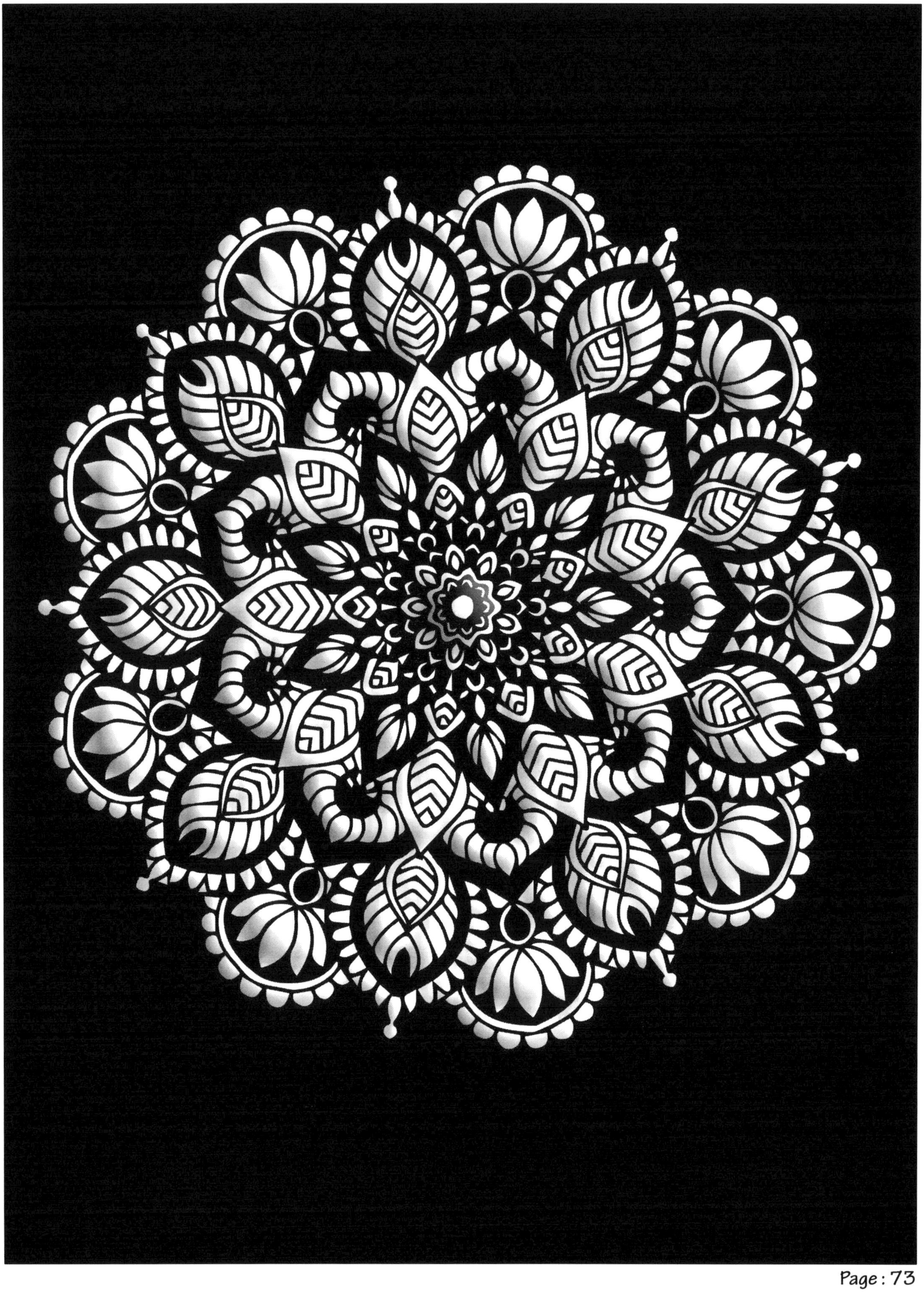

Jason Young

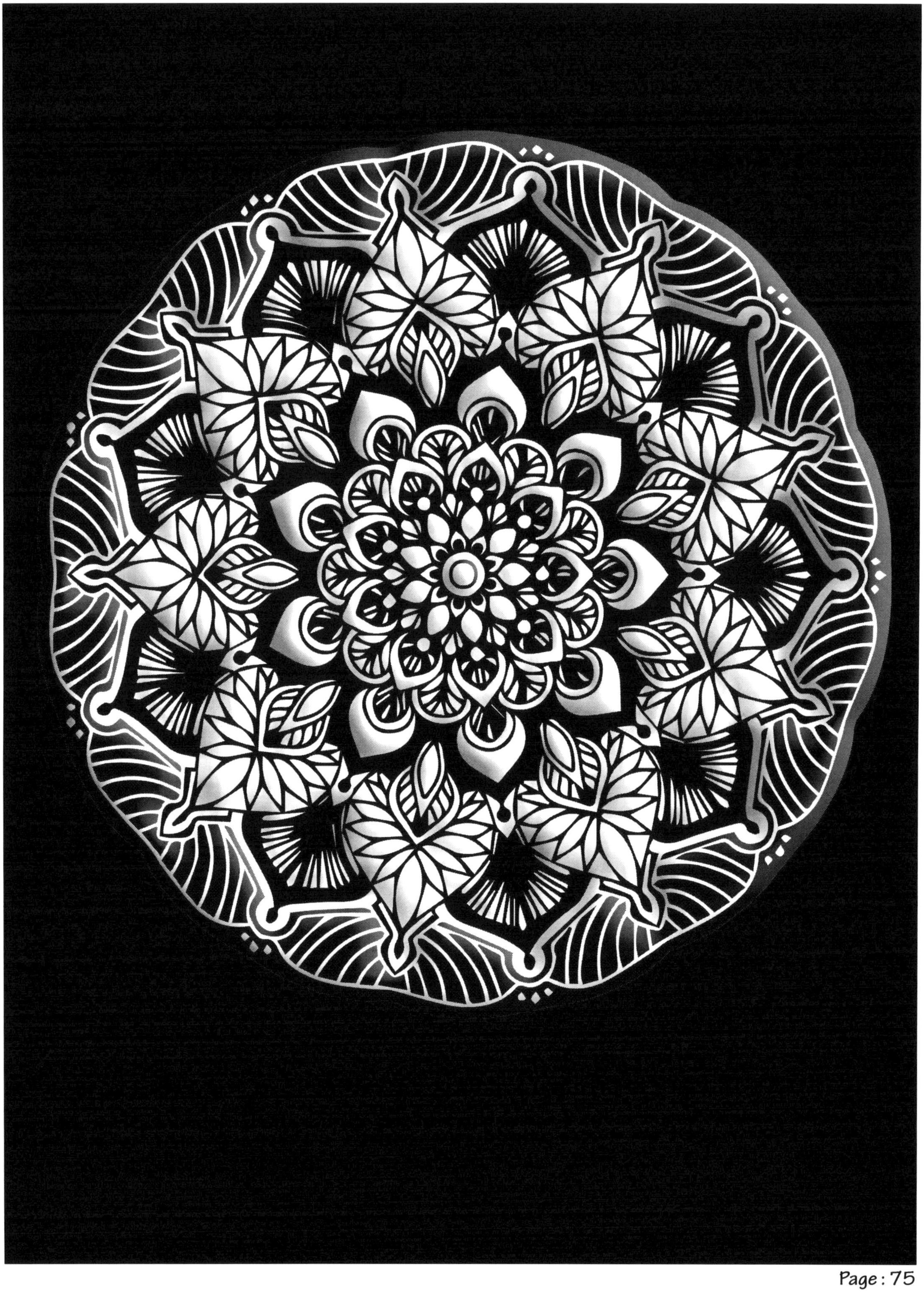

Jason Young

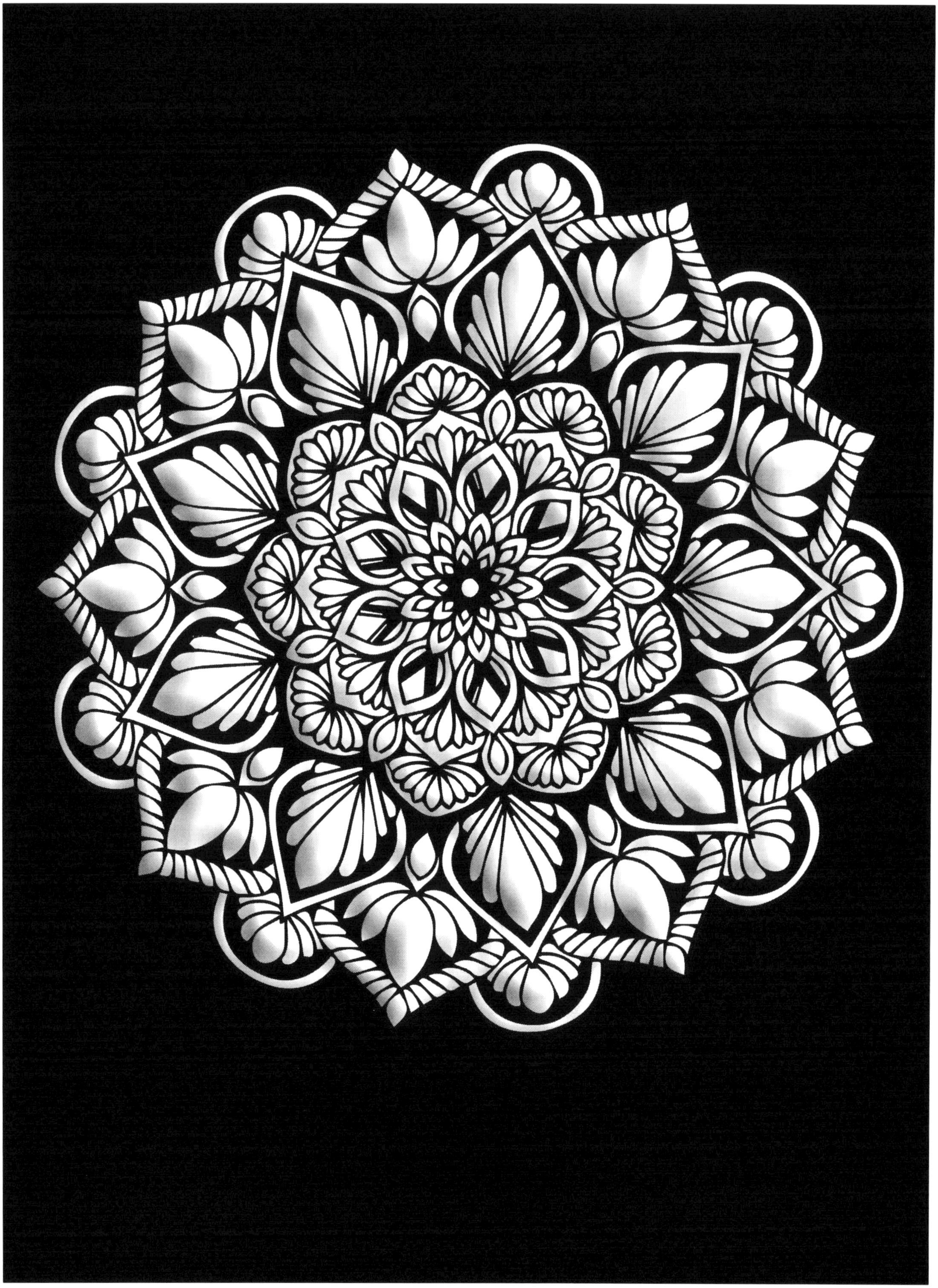

Jason Young

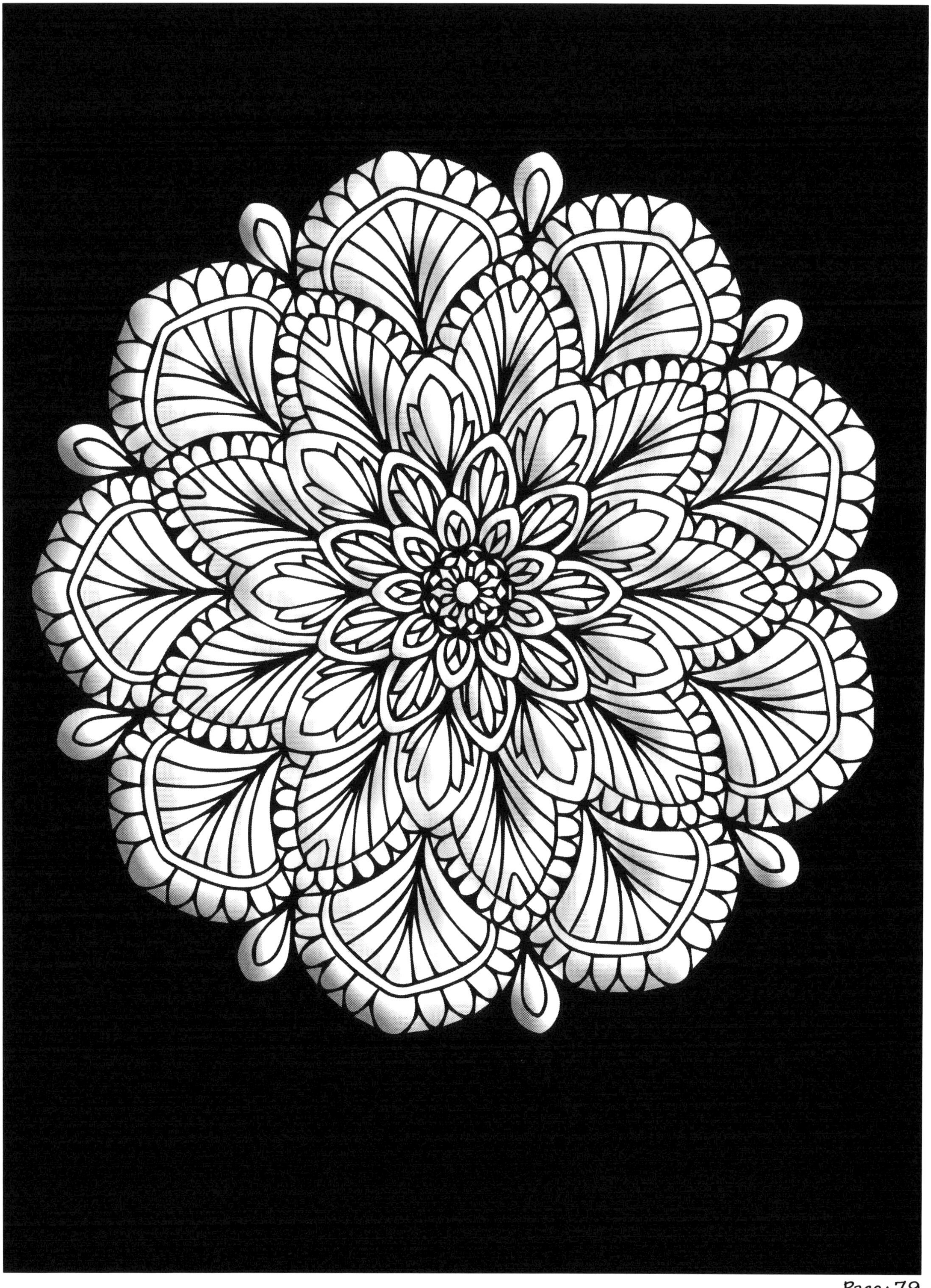

Jason Young

Page : 81

Jason Young

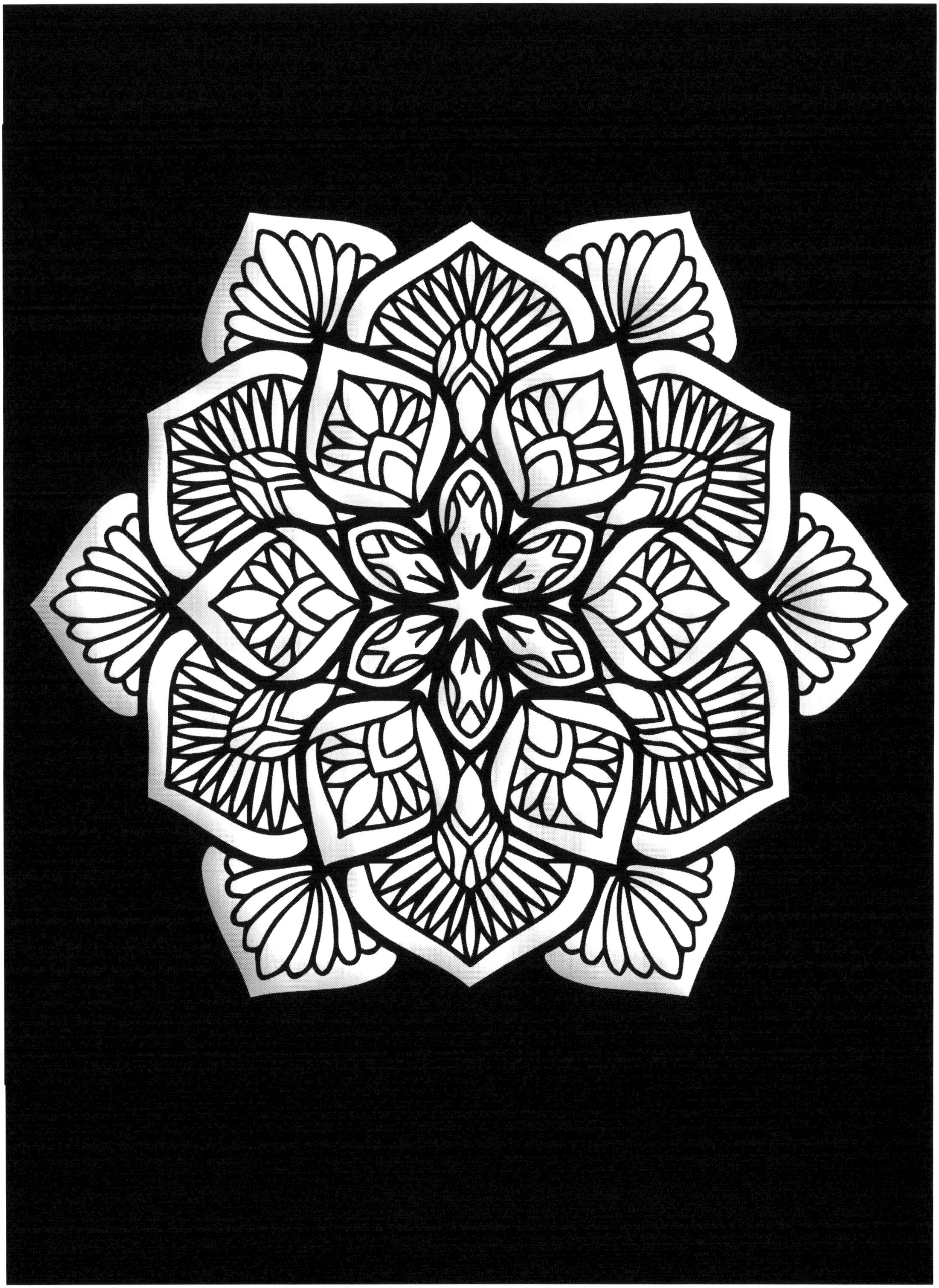

Jason Young

Page : 85

Jason Young

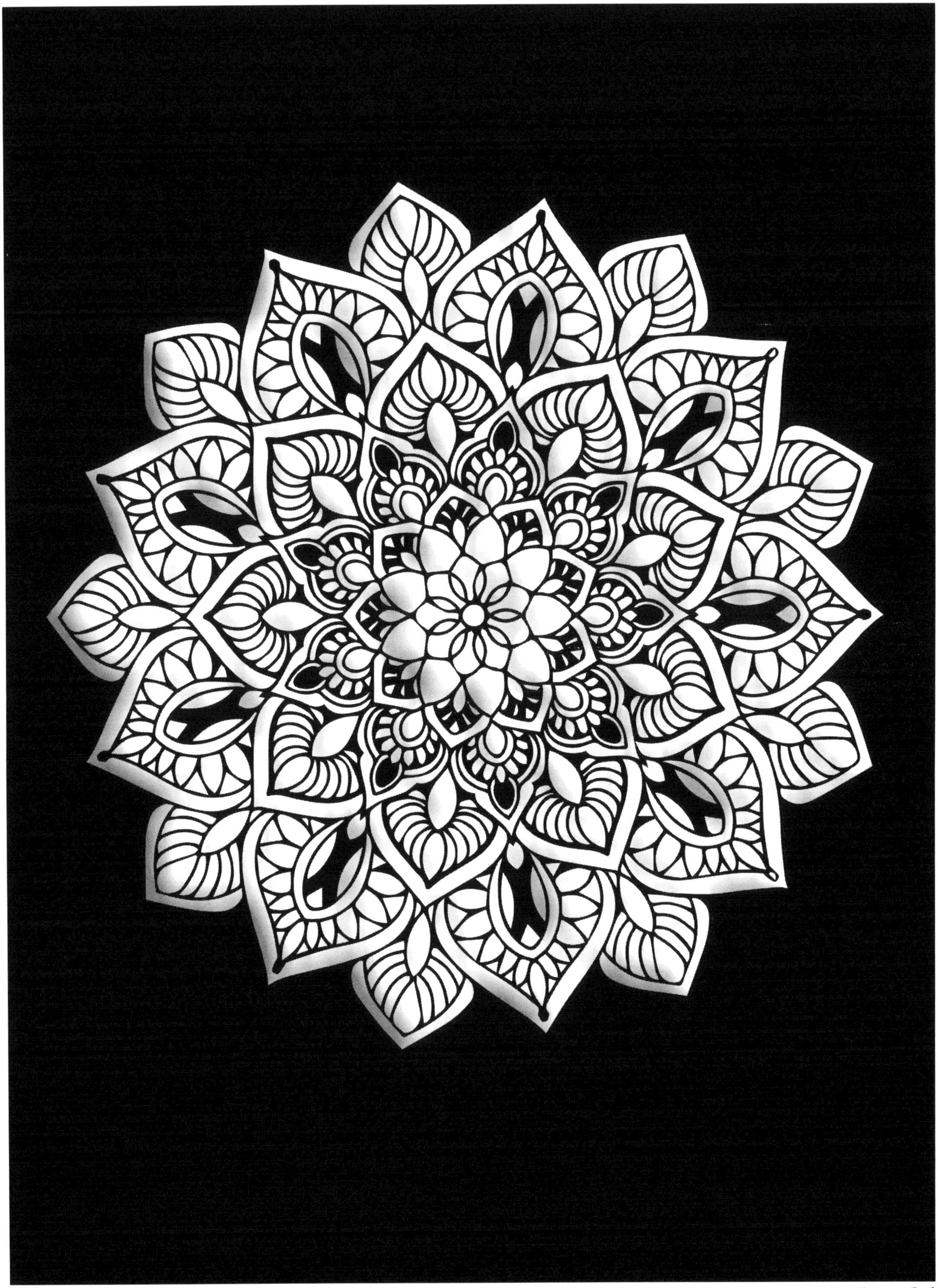

Jason Young

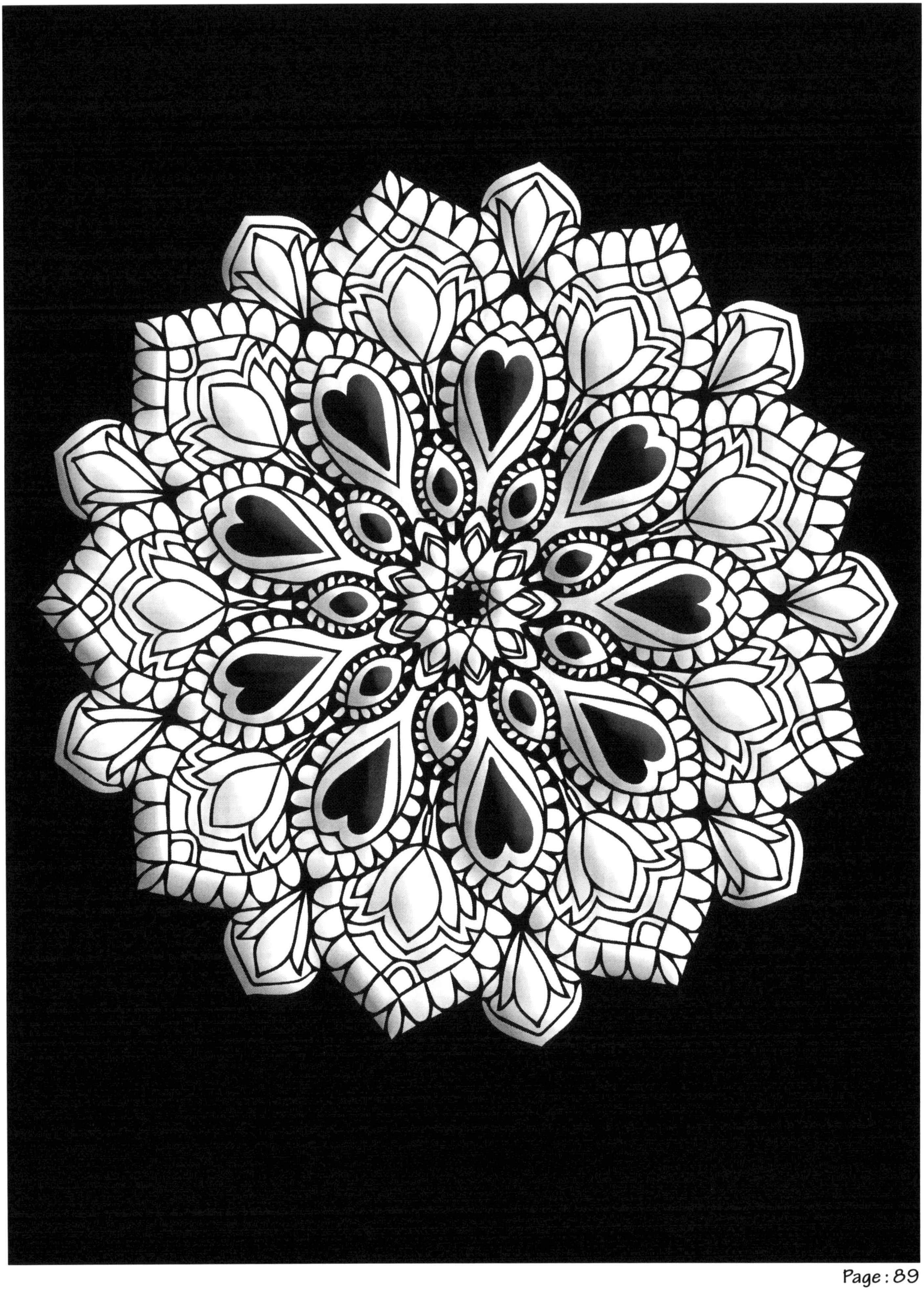

Jason Young

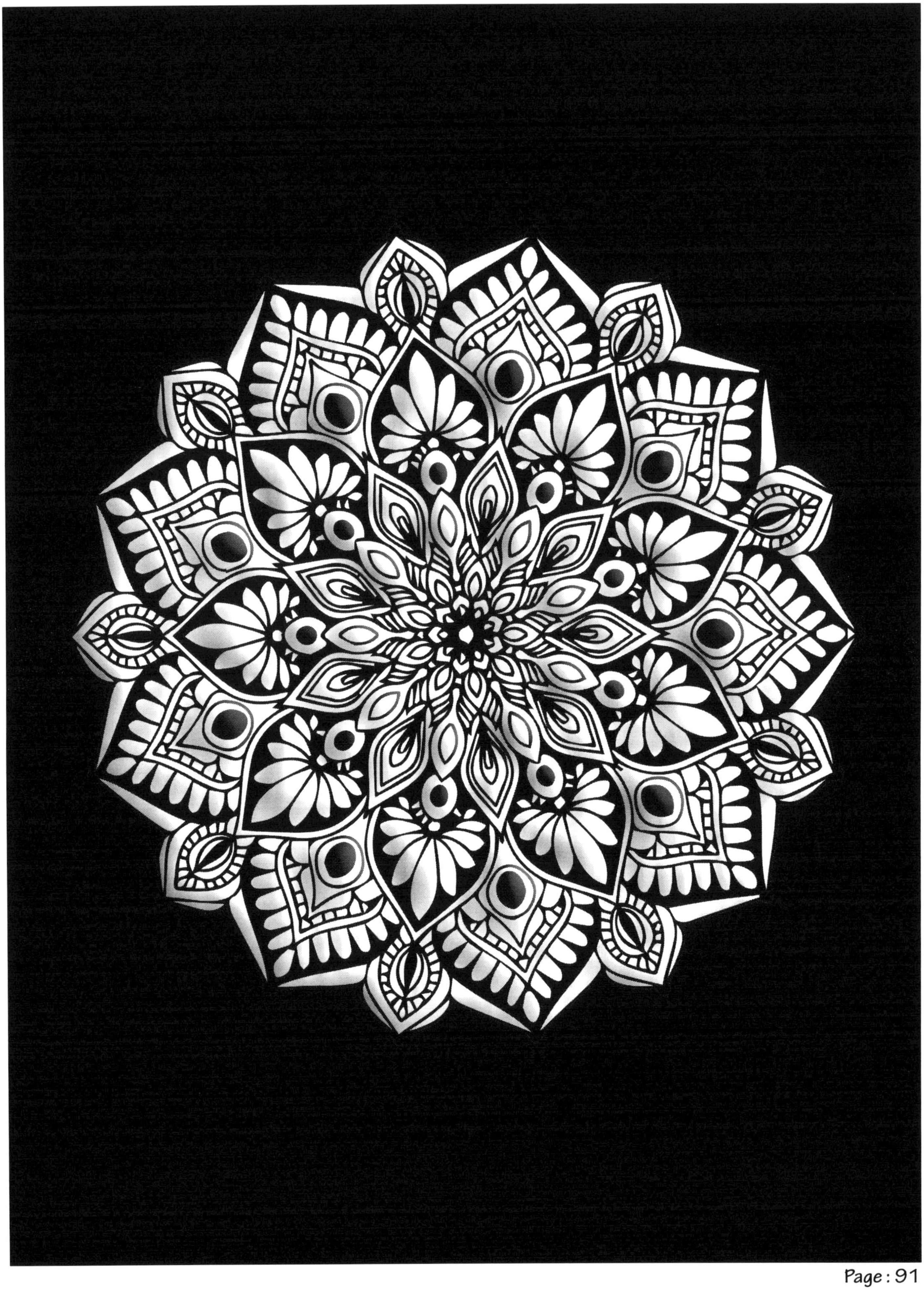

Jason Young

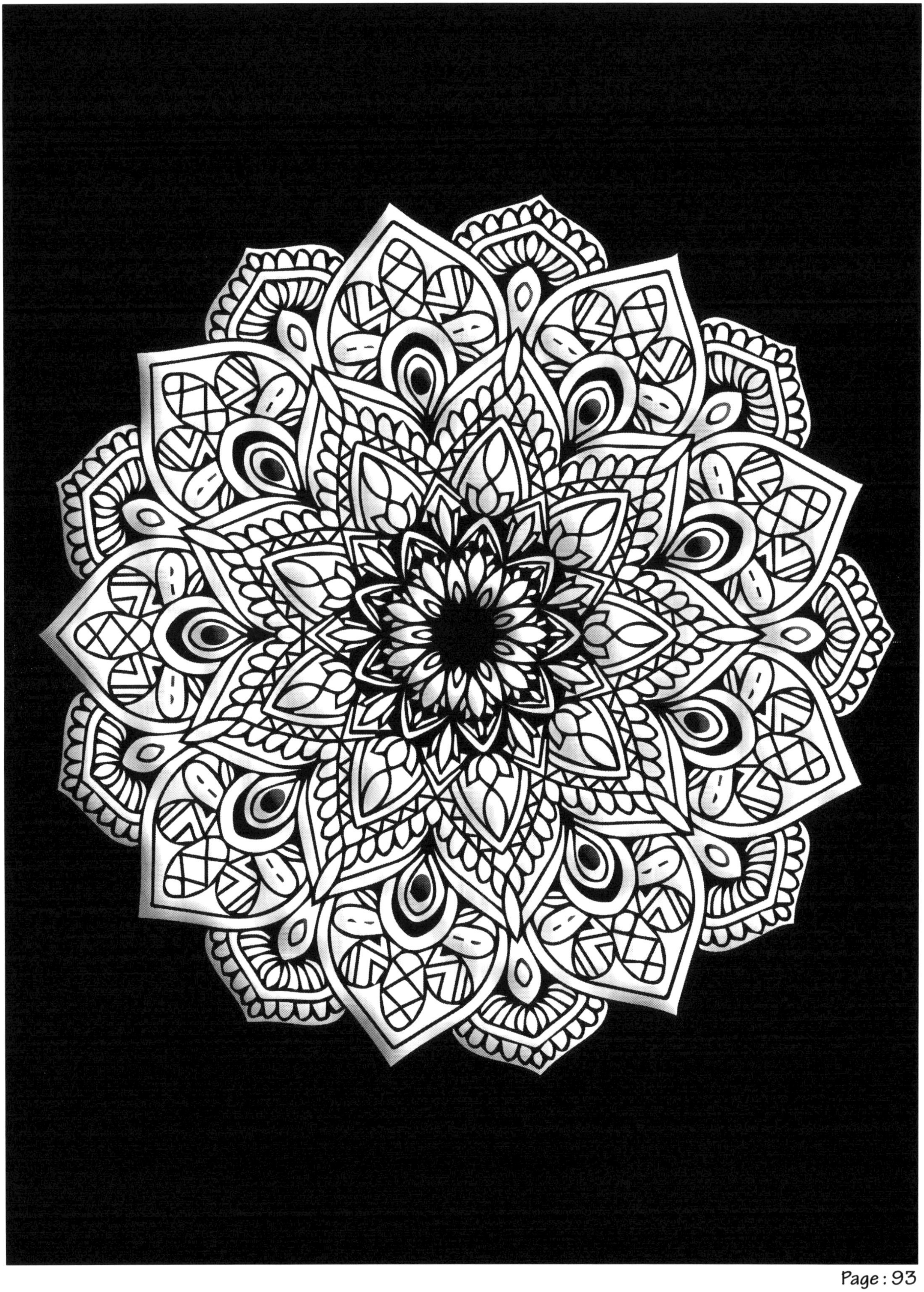

Jason Young

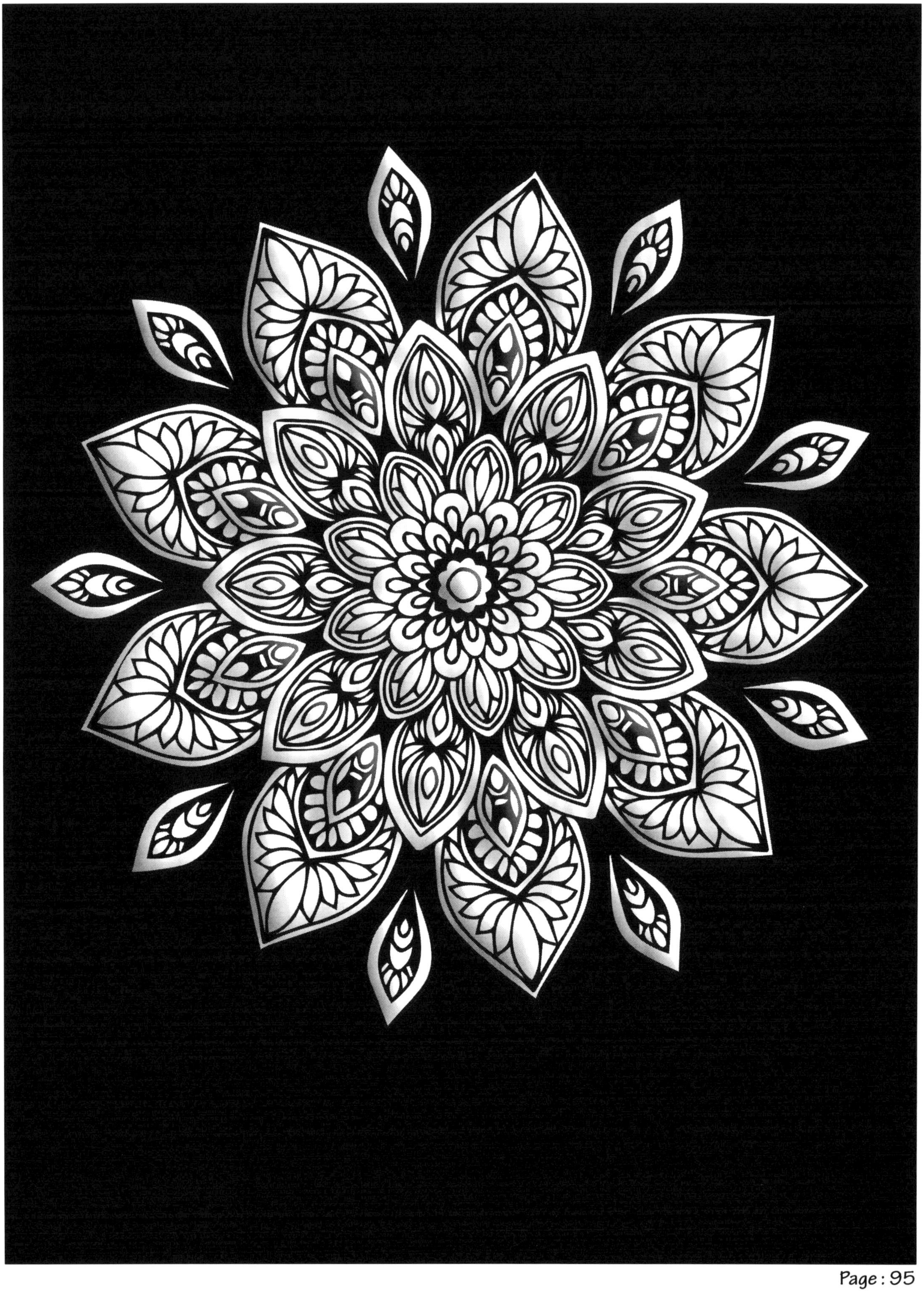

Jason Young

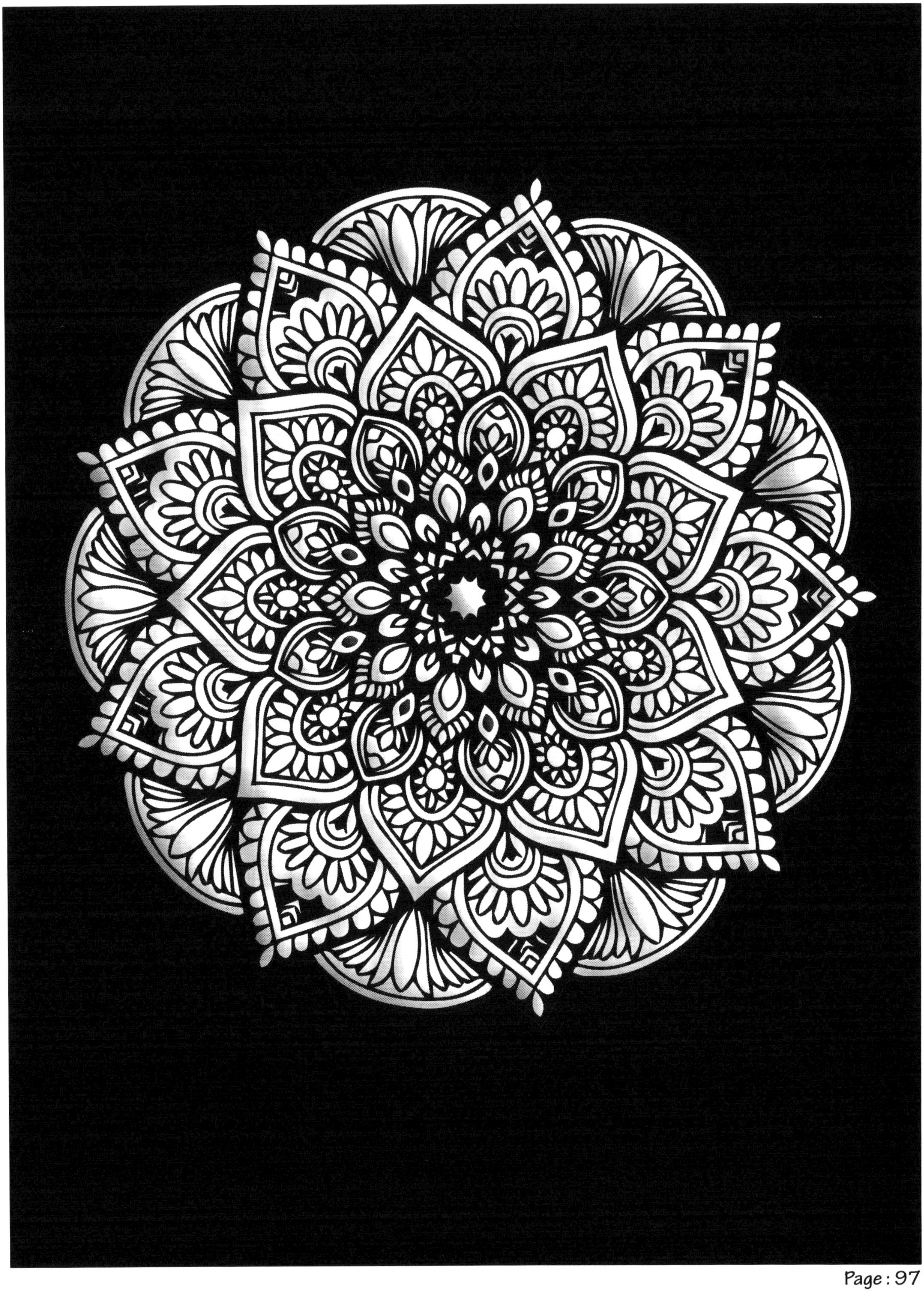

Jason Young

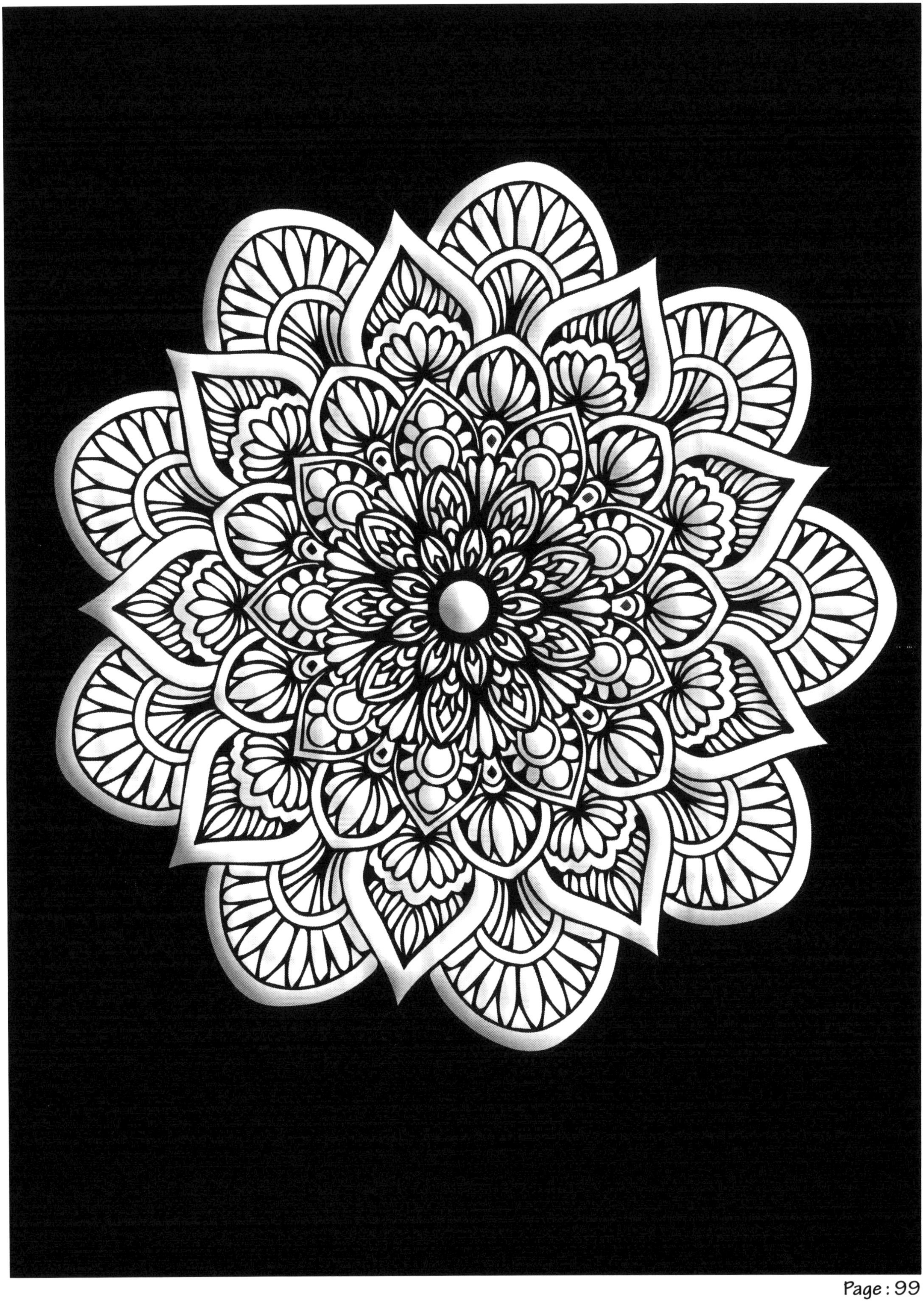

Jason Young

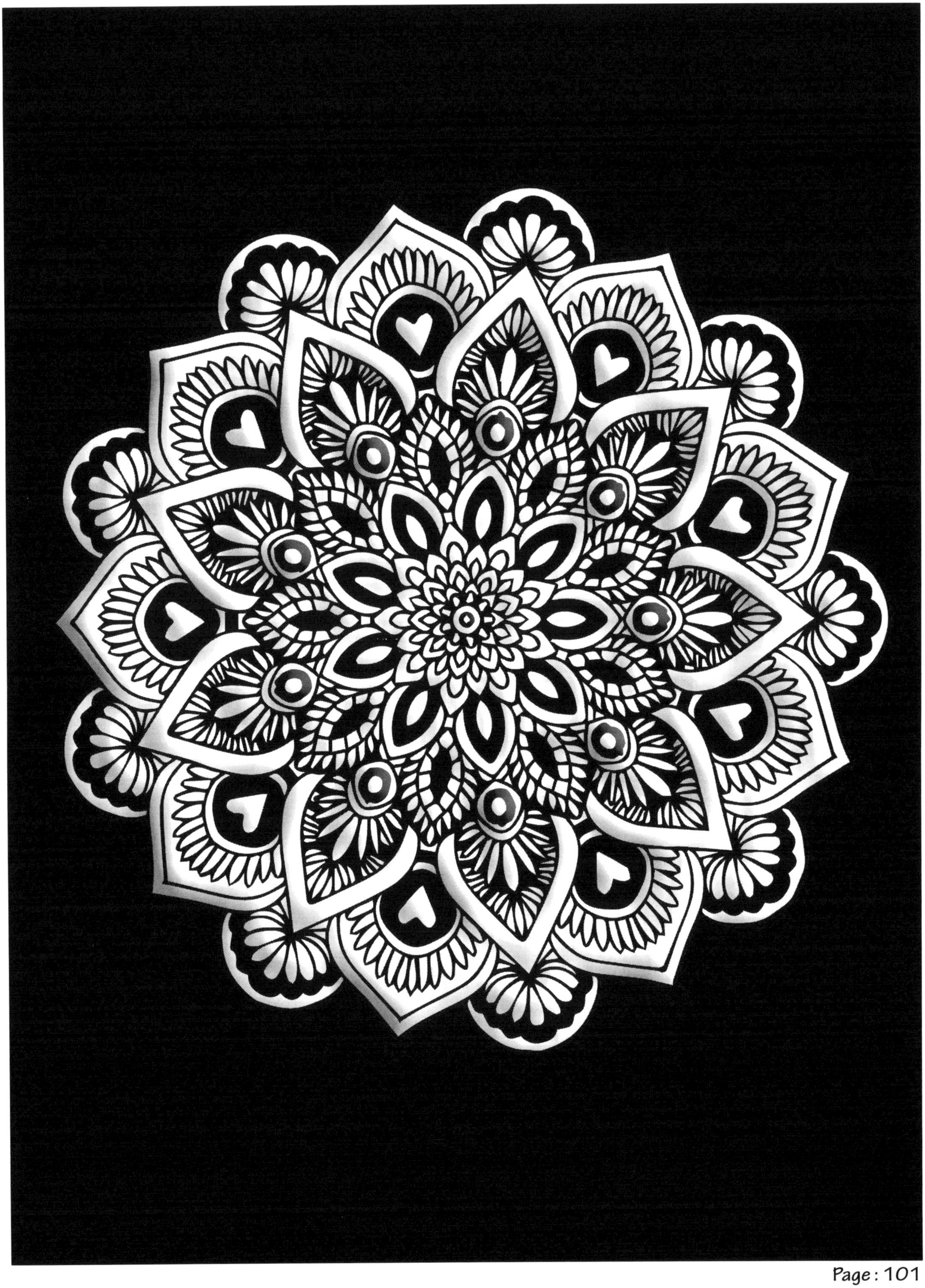

Jason Young

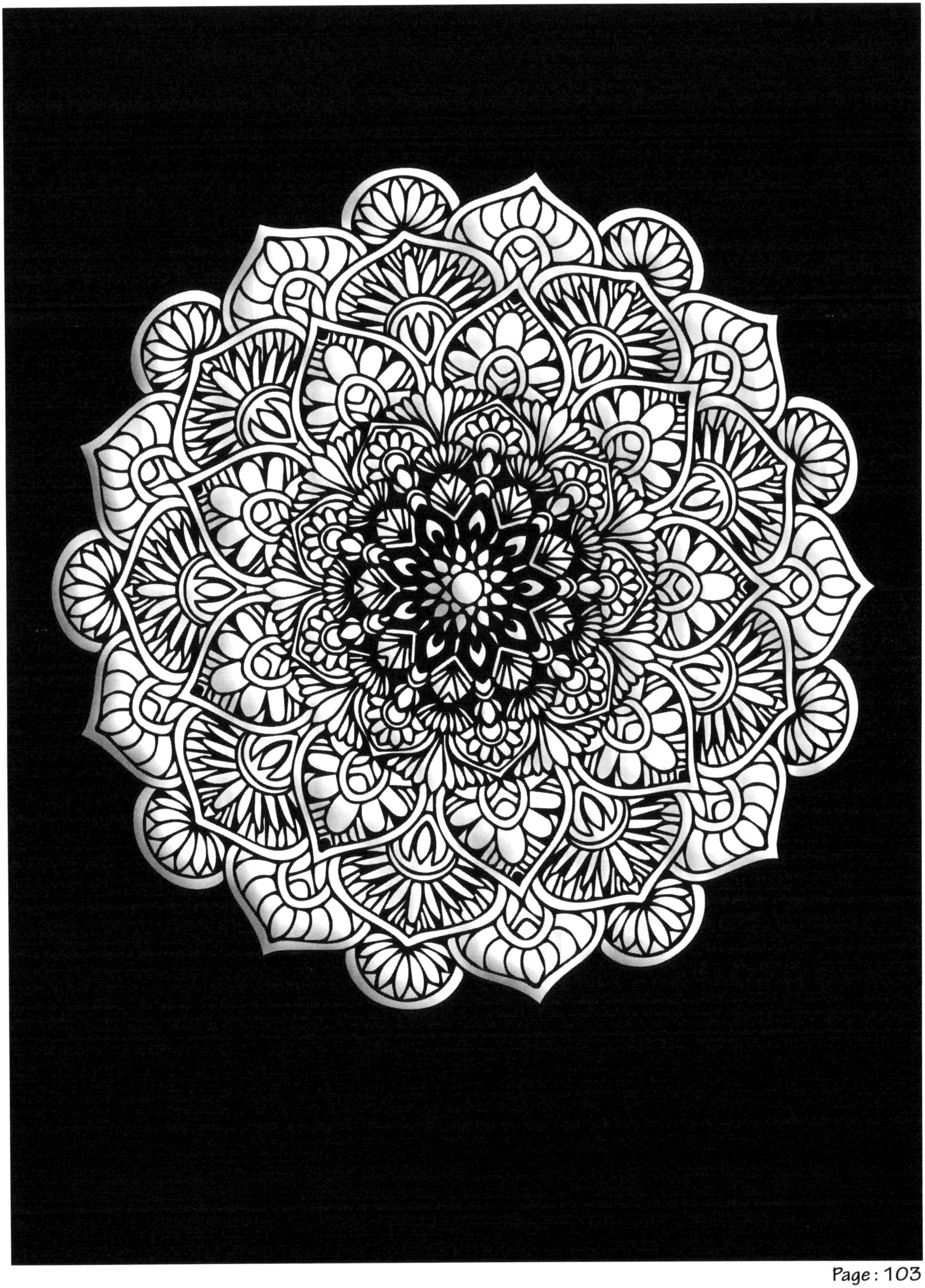

Jason Young

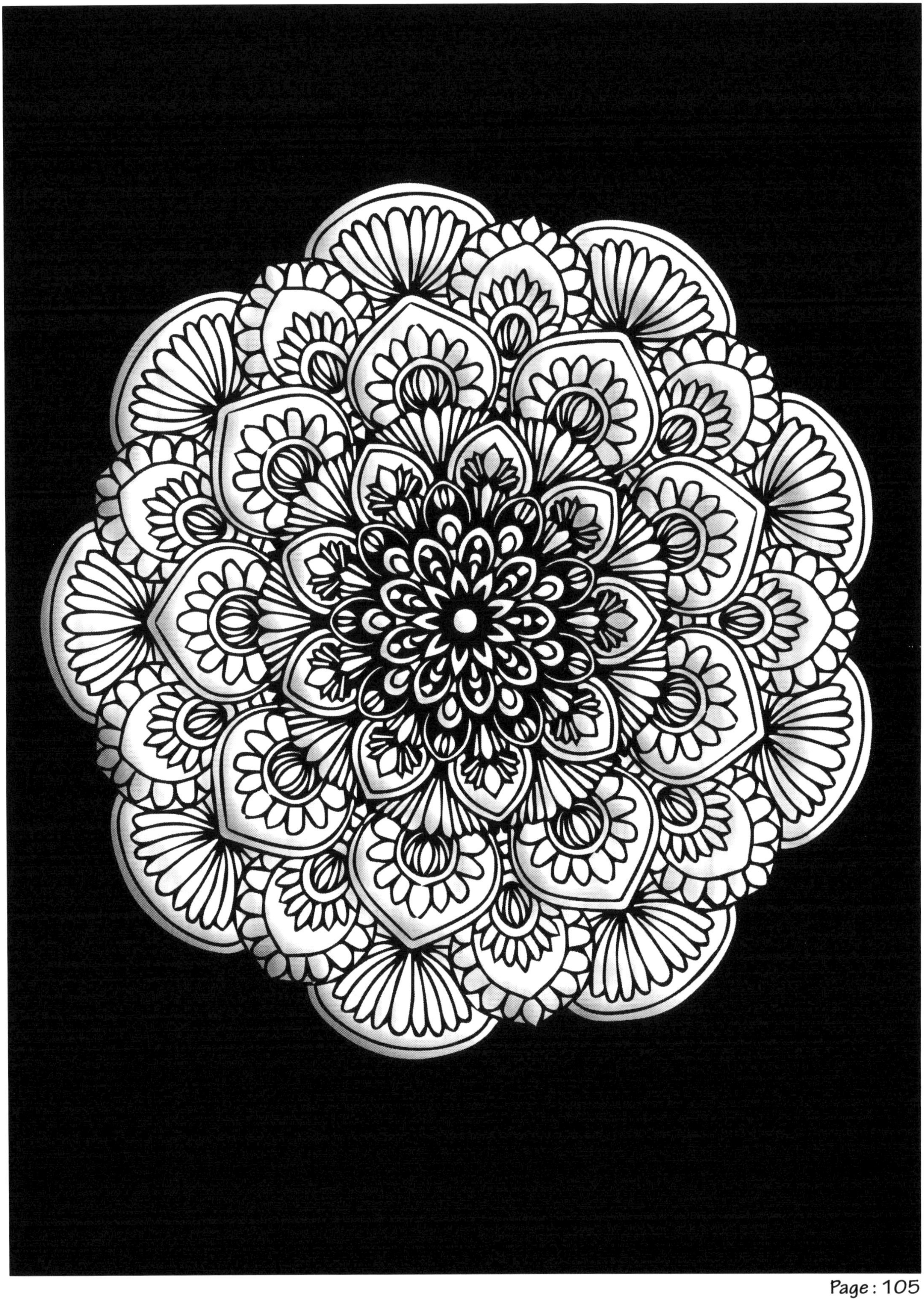

Made in the USA
Las Vegas, NV
05 March 2022